Kurt Tepperwein

Das Erfolgs-Mindset

Kurt Tepperwein

Das Erfolgs Mindset

ZEITLOS · INSPIRIEREND · WERTVOLL

// SILBERSCHNUR VERLAG

Copyright © 1999 Verlag »Die Silberschnur« GmbH;
1. Auflage 1999, erschienen unter dem Titel »Ewige Weisheiten. Nutzen Sie Ihre kreativen Gedanken« mit der ISBN 978-3-931652-50-5

ISBN: 978-3-89845-668-5
1. überarbeitete Auflage 2020

Gestaltung & Satz: XPresentation, Güllesheim
Druck: Finidr, s.r.o. Cesky Tesin

Verlag »Die Silberschnur« GmbH · Steinstr. 1 · 56593 Güllesheim
www.silberschnur.de · E-Mail: info@silberschnur.de

Inhalt

Vorwort

Was wir wirklich brauchen, sind nicht noch mehr weise Worte, noch mehr Bücher oder Kalender mit tiefgründigen Aphorismen, sondern mehr Menschen, die die Worte leben. Aber ... um die Weisheit zu leben, muss ich sie zuerst einmal zu meiner machen, mir also eine neue Einstellung, eine neue Denkweise, ein neues Mindset zueigen machen, das zu einem Teil meines Lebens wird. Denn entscheidend für die Entwicklung eines Menschen sind nicht etwa Willensstärke oder Talent, sondern das eigene Selbstbild. Mit dem richtigen Mindset gelingt es Ihnen, sich einfach über alte Hemmnisse hinwegzusetzen und Ihrem Leben eine neue Richtung zu geben.

Dieses Buch kann Ihnen auf verschiedene Weise helfen, in jeder Situation IHR Mindset zu finden, indem Sie sich eine Frage bewusst machen, das Buch aufschlagen und das, worauf Ihr Auge fällt, als Botschaft des Lebens annehmen, als Denkanstoß oder eben sogar als neue Denkweise. Mit Hilfe des Buches finden Sie so immer mehr die Wahrheit in sich, die ewige Weisheit, die die kosmische Ordnung und die geistigen Gesetze erkennen lässt. So erkennen Sie immer mehr die Wirklichkeit hinter dem Schein.

Dieses Buch kann Ihnen aber auch helfen, in der Welt der Eigenschaften, Möglichkeiten und des Scheins die »Tür nach innen« zu finden, die Tür in die Welt des eigenschaftslosen Seins. Dort gibt

es wieder eine Tür, die zurückführt in die Welt der Eigenschaften, Möglichkeiten und des Scheins, aber nun als eigenschaftsloses Sein.

Dieses Buch ist ein Angebot des Lebens, eine Chance, sich an sich selbst zu erinnern. Es ist eine ganz persönliche Botschaft, Sie erkennen zu lassen, welche Geisteshaltung wirklich die Ihre ist, wer Sie wirklich sind. Es zeigt Ihnen auch das Ziel allen Seins, die eine Wahrheit, die in allem liegt – und so hilft es Ihnen, endlich die Person zu werden, die Sie in Wirklichkeit sind und immer waren:

SIE SELBST!

Gott, gib mir

die Gelassenheit,

Dinge hinzunehmen,

die ich nicht ändern kann,

den Mut, Dinge zu ändern,

die ich ändern kann,

und die Weisheit,

das eine vom anderen

zu unterscheiden.

Friedrich Christoph Oetinger

Die zwei Naturen des Menschen

Jeder von uns trägt zwei Naturen in sich: KAIN und ABEL.

Der Name KAIN bedeutet »Besitz«. Kain ist der ichbezogene Teil des Menschen, der habgierig und rechthaberisch ist und immer versucht, etwas in seinen Besitz zu bringen oder anderen seinen Willen aufzuzwingen. KAIN in uns will besitzen, herrschen, sich durchsetzen.

Der Name ABEL bedeutet »Atem«. ABEL ist der geistige Teil des Menschen, seine wahre Natur, so wie er als Mensch gemeint ist. ABEL strebt beständig nach Harmonie, Ausgleich, nach einer Verbesserung des Bestehenden und will in allem das Gute wecken. Diese wahre, geistige Natur des Menschen möchte still und bescheiden Gutes bewirken.

In der Bibel erschlägt KAIN seinen Bruder ABEL, die niedere Natur des Menschen siegt also noch über den Geistmenschen. Aber in Wahrheit ist ABEL nicht zu töten, denn ABEL ist unsere wahre Natur, ist der unsterbliche Gottmensch in uns allen.

Wer wirkt nun in uns? Nun, immer der, mit dem wir uns identifizieren. Wirkt KAIN durch uns, bewirkt er Krankheit, Schicksalsschläge und Leid. Lassen wir aber ABEL durch uns wirken, beschert uns das Gesundheit, Harmonie und Glück. Es ist unsere freie Entscheidung, wen wir durch uns wirken lassen. Wir haben in jedem Augenblick unseres Lebens die Wahl, uns neu zu entscheiden. Zum Beispiel JETZT!

DER MENSCH HAT NIE, WAS ER WILL,
WEIL ER NICHT WILL, WAS ER HAT.

WOLLTE ER, WAS ER HAT,
HÄTTE ER, WAS ER WILL!

Der Bauer und der liebe Gott

Es war einmal ein armer Bauer, der lebte fleißig und rechtschaffen in seiner kleinen Hütte und war zufrieden damit. Als er sich eines Tages sich wieder abmühte, seine kargen Felder zu bestellen, sah er plötzlich ein helles Licht vor sich und darin ein kleines Männlein, das zu ihm sprach: »Du bist allezeit rechtschaffen gewesen und glücklich, trotz deiner Armut, und so will ich dir drei Wünsche erfüllen. Wenn du einmal einen Wunsch hast, so rufe mich und ich werde ihn dir erfüllen.«

Der Bauer ging nach Hause und erzählte seiner Frau von dem wunderbaren Erlebnis. Er meinte, eigentlich habe er keine Wünsche, da er von Herzen glücklich sei, aber seine Frau wollte gern Königin sein, und so bedrängte sie ihren Mann, sich zu wünschen, König zu werden. Seiner Frau zuliebe ließ sich der Bauer überreden, rief das Männlein und sagte seinen Wunsch. Da erhob sich ein Brausen in der Luft, alles drehte sich um ihn und als er wieder richtig zu sich kam, war der Bauer König in einem prächtigen Palast und seine Frau saß neben ihm als Königin.

Er erfreute sich an all den schönen Dingen, aber seine Frau hatte sich bald daran gewöhnt und wollte noch mehr. So bedrängte sie ihn, Kaiser zu werden. Er wollte eigentlich nicht, weil er glücklich war, aber seiner Frau zuliebe rief er noch einmal das Männlein und bat darum, Kaiser zu werden. Da erhob sich wieder ein starkes

Brausen in der Luft, alles drehte sich um ihn und als er wieder zu sich kam, war er Kaiser und seine Frau saß neben ihm als Kaiserin.

Er war zufrieden, aber seine Frau hatte sich bald an den Glanz gewöhnt, und als sie eines Tages eine Audienz beim Papst hatten und die Knie beugen mussten vor dem Höheren, da wurmte es sie, dass noch jemand auf der Welt höher war als sie. So bedrängte sie ihren Mann, das Männlein zu bitten, Papst zu werden. Der Bauer wollte das nicht, weil er sehr zufrieden war, aber sie drängte so lange, bis er nachgab. Also rief der Bauer das Männlein, äußerte seinen Wunsch und wieder erhob sich ein gewaltiges Brausen in der Luft, alles drehte sich um ihn und als er wieder zu sich kann, war er Papst.

Er war zufrieden, aber als seine Frau sah, dass er täglich zu Gott betete, da erkannte sie, dass noch immer einer höher stand, und sie drängte ihn, Gott zu werden. Er wollte nicht, und außerdem waren die Wünsche verbraucht, aber sie drängte so lange, bis der Bauer nachgab. Wieder rief er das Männlein, sagte seinen Wunsch und das Männlein sprach: »Noch einmal will ich dir deinen Wunsch erfüllen, aber dieses Mal ist das letzte.« Da erhob sich ein solch gewaltiges Brausen wie nie zuvor, alles drehte sich um den Bauern und als er zu sich kam, saß er wieder als armer Bauer in seiner Kate, wie früher.

Da erkannte er, dass man Gott nicht außen in den Dingen finden kann, sondern nur in sich, denn Gott wohnt in einem fröhlichen und rechtschaffenen Herzen – und das hatte er ja schon immer gehabt. So war er eins mit Gott, arbeitete fleißig und war glücklich bis an sein Ende.

Die meisten Menschen machen
das Glück zur Bedingung.
Aber das Glück stellt sich nur ein,
wenn man keine Bedingungen stellt.

Arthur Rubinstein

Die geistigen Gesetze

Am Anfang war alles eins. Gott, die eine Kraft, ruhte unoffenbart in sich. Es gab nichts außer Gott, und nichts war in Erscheinung getreten.

Dann gestattete Gott einem Teil von sich, als viele in Erscheinung zu treten. Dieser als viele in Erscheinung getretene Teil des Einen begann zu wirken – und dieses Wirken ist die Liebe. Alles, was in Erscheinung getreten ist, ist ein Ausdruck der Liebe des Einen.

Das Wirken der Liebe tritt als Harmonie in Erscheinung. Das »Gesetz der Harmonie« ist das Grundgesetz der Schöpfung, aus dem sich alle anderen geistigen Gesetze ableiten lassen. Es ist Ausdruck der Einheit und Ganzheit der Einen Kraft und führt alles, was geschieht, wieder in die Einheit zurück.

Dieses Geschehen in Harmonie tritt aus Liebe als »Gesetz der Evolution« in Erscheinung. Nach diesem Gesetz geschieht alles Fließen – Werden – Sein! Das »Spiel des Lebens«.

Alles Sein schwingt zwischen zwei Polen in verschiedenen Rhythmen nach dem »Gesetz der Schwingung«, dem »Gesetz der Polarität« und dem »Gesetz des Rhythmus«. Alles aber hat seine Entsprechung im Größeren wie im Kleineren, im Sichtbaren wie im Unsichtbaren, nach dem »Gesetz der Entsprechung« oder dem »Gesetz der Analogie«.

Und alles steht in einer Beziehung zueinander, nach dem »Gesetz der Resonanz«: Gleiches zieht Gleiches an und stößt Ungleiches ab.

Die ganze Schöpfung tritt als Fülle in Erscheinung, die jedem einzelnen Teil nach dem Willen des Einen seine Freiheit lässt. Sobald ein Teil zum Denken erwacht ist, ist er als Mitschöpfer aufgerufen und eingeladen, begrenzt wird er dabei nur von seinem eigenen Denken und Glauben.

Alles Tun unterliegt dem »Gesetz von Ursache und Wirkung«, das als »Gesetz des Schicksals« in Erscheinung tritt. Jeder Teil wird so lange immer wieder in die Erscheinungswelt hineingeboren, bis sich die letzte der von ihm gesetzten Ursachen ausgewirkt hat und die Harmonie wiederhergestellt ist.

Nach dem »Gesetz der Gnade« hat jeder Teil in jedem Augenblick die Möglichkeit, den Schritt zur Erleuchtung zu tun, sich damit vom Rad der Wiedergeburt zu entbinden und in die Einheit des Seins zurückzukehren. Sind alle Teile des Einen so wieder in die Einheit zurückgekehrt, ruht die eine Kraft wieder unoffenbart in sich, bis ihr Wille erwacht und sie es wieder einem Teil von sich gestattet, als viele in Erscheinung zu treten. Eine neue Schöpfung beginnt.

Ich bin nicht Materie,
die eine spirituelle Erfahrung macht.

Ich bin ein
spirituelles Wesen, das diese
menschliche Erfahrung macht.

Willigis Jäger

Was ist Vollkommenheit?

Alles, was ist, ist ein Ausdruck der einen Kraft, die wir Gott nennen. So gibt es auch nur eine Kraft, die heilt, das eine Bewusstsein, das alles, was ist, durchdringt und erfüllt. Dieses eine Bewusstsein ist allwissend, allmächtig, allliebend und allgegenwärtig.

Also ist dieses eine Bewusstsein auch in mir. Ich lebe, weil es in mir ist, denn es ist das Leben. Je mehr ich mich ihm öffne, desto leichter und umfassender kann es in mir wirken. Es bewirkt dann Gesundheit, Lebensfreude, Vollkommenheit.

Vollkommenheit aber ist allumfassend, sie kann nicht für mich, für mein Ego erreicht werden. Also muss ich anderen helfen, um selbst vollkommen zu werden. So werde ich Lebensberater oder Heilpraktiker und helfe meinem Nächsten. Ich werde zum Kanal für die eine Kraft, die nun durch mich wirkt.

Ich helfe so meinem Nächsten, sich selbst zu erkennen und zu verwirklichen, gebe Hilfe zur Selbsthilfe. Im Idealfall kann auch er dann anderen helfen, denn Vollkommenheit ist erst erreicht, wenn der letzte vollkommen ist.

Zur Vollkommenheit gehört auch die vollkommene Liebe, ohne die Vollkommenheit nicht vollkommen wäre. Das heißt, sich selbst genauso zu lieben wie den Nächsten. Ich muss ihn als Teil des einen allumfassenden Bewusstseins erkennen, von dem auch ich ein Teil bin. Das heißt aber auch, »IHN« als mein wahres Selbst zu erkennen. Das heißt, »IHN« in allem zu erkennen, im Baum und im Vogel, in der Sonne und im Wind, in der Krankheit und im Glück, im Brot, das ich esse, und im Partner, mit dem ich lebe.

Eins werden mit allem – in diesem Bewusstsein der Einheit zu leben und meinen Nächsten zu helfen, zu dieser Einheit zu erwachen, das ist der Weg und das Ziel!

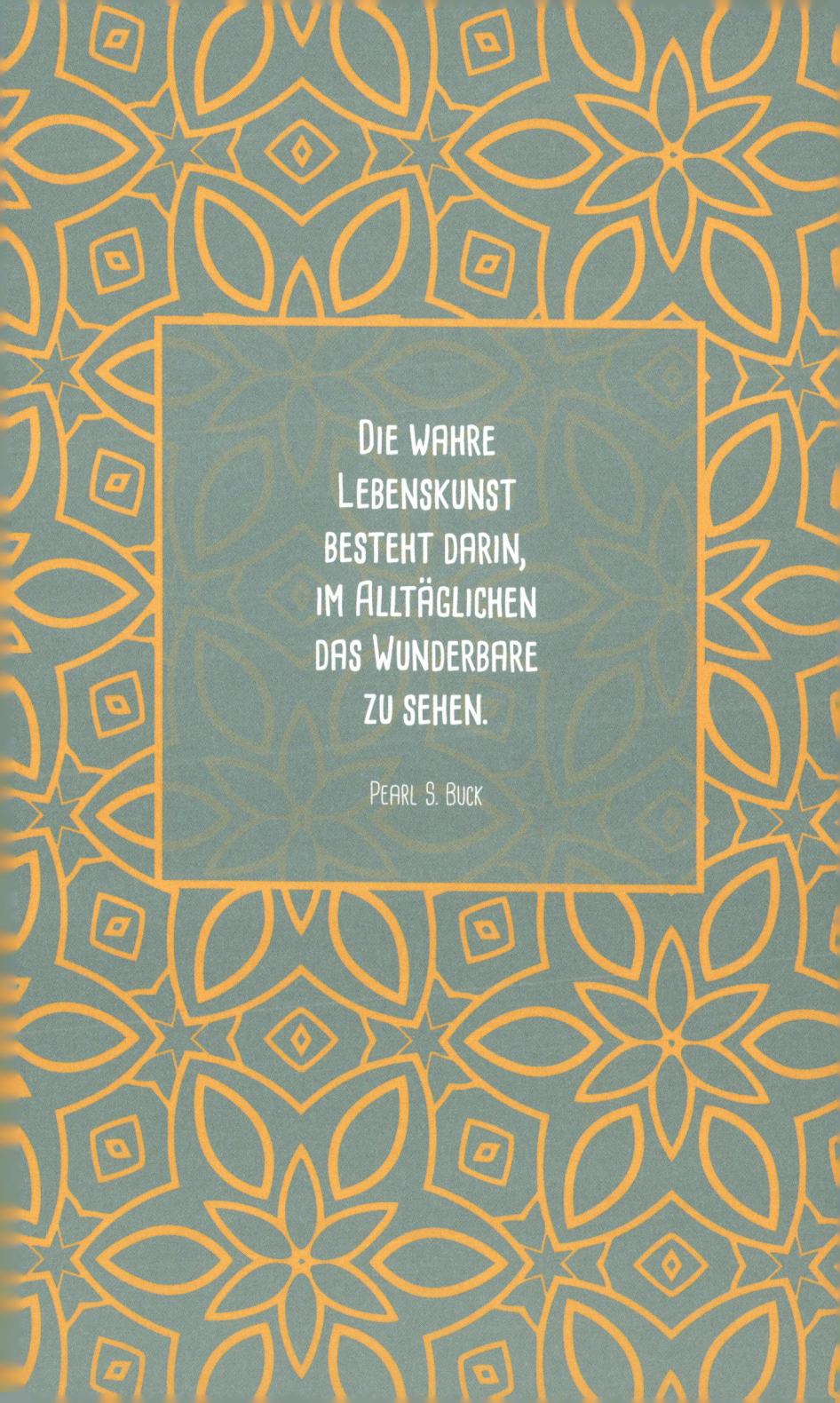

Die wahre
Lebenskunst
besteht darin,
im Alltäglichen
das Wunderbare
zu sehen.

Pearl S. Buck

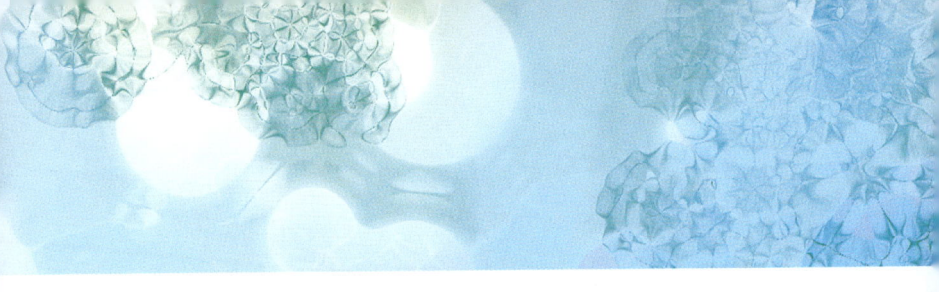

Was ist Schicksal?

Wir alle haben unser Schicksal, tragen es mehr oder weniger geduldig, aber kaum jemand fragt sich einmal, warum er unter diesen Umständen lebt, was sie verursacht hat und ob und wie man sie eventuell ändern könnte. Lieber hoffen wir auf ein Wunder. Der Kranke auf eine medizinische Kapazität oder ein Wundermittel – und wenn das nicht hilft, auf einen Hypnotiseur oder Geistheiler, der ihn mühelos und blitzschnell gesund macht, damit man danach genauso falsch weiterleben kann wie zuvor.

Der Arme will schnell reich werden, möglichst durch einen Lottogewinn, bei dem der Einsatz gering, aber das Ergebnis großartig ist. Der Einsame will seinen Idealpartner finden durch eine wunderbare Fügung des Schicksals, ohne sich zu fragen, ob er denn für den anderen der ideale Partner ist.

Das Gesetz des Schicksals funktioniert aber völlig neutral. Es sagt nur: Wenn du das tust, geschieht das, und tust du dies, geschieht dies. Es gibt keine »Schicksalsverteilungsstelle« im Universum, es gibt nur Ursache und Wirkung. Wir nennen die Schöpfung Kosmos, das bedeutet Ordnung, und in dieser Ordnung ist kein Platz für Glück oder Pech oder Zufall. Ich allein bestimme, was ich im Leben erfahre, das Schicksal ist ein Spiegelbild meines Seins. Jeder meiner Gedanken ist ein Teil meines Schicksals, jede Haltung, jedes Gefühl.

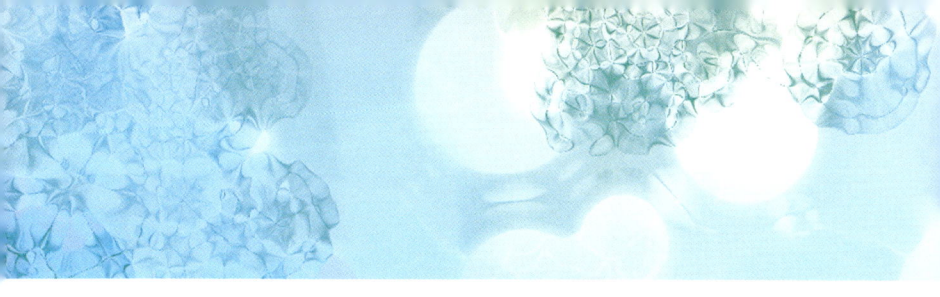

Jeder bekommt vom Schicksal das, was er verursacht. Nicht mehr, nicht weniger und nichts anderes. Das Schicksal ist nicht willkürlich und wird mich nie überfordern.

Doch ganz gleich, was das Schicksal mir schickt, alles sind nur Chancen, um zu lernen, alles will mir nur helfen und dienen, um mich selbst zu erkennen. Und um die Wahrheit zu erkennen, die da lautet: Alles ist gut so, wie es ist. Das heißt nicht, dass es so bleiben sollte, aber im Augenblick ist es das Beste, um mir zu helfen. Das Schicksal will nur eines: mich zurück zur Einheit führen – zu Gott!

Doch das ist nicht ohne Ehrlichkeit möglich, und Ehrlichkeit heißt: Wahrhaftigkeit, Achtsamkeit und Bescheidenheit. Nur wenn ich ehrlich bin, kann ich die eine Wahrheit in allem erkennen, und damit werden »Schicksalsschläge« überflüssig.

Es gibt also weder unverdientes Glück noch unverdientes Leid, sondern nur Ursache und Wirkung. Und: Der einzige Mensch, der mich glücklich machen kann, bin ich selbst. Allerdings bin ich auch der einzige, der mich unglücklich machen kann.

NICHT WAS WIR ERLEBEN,
SONDERN WIE WIR EMPFINDEN,
WAS WIR ERLEBEN,
MACHT UNSER SCHICKSAL AUS.

MARIE VON EBNER-ESCHENBACH

Die Botschaft deines Körpers

Früher oder später fragt sich jeder Mensch nach dem Sinn seines Lebens, sucht nach Möglichkeiten, um das Leben und sich selbst besser zu verstehen. Dabei hat das Leben uns einen wunderbaren Botschafter geschickt, der gern bereit ist, uns alles zu zeigen und zu erklären. Wir erkennen ihn nur meist nicht, weil er so naheliegend ist. Es ist unser Körper. Indem wir lernen, ihn zu verstehen, verstehen wir uns selbst, das Leben, die ganze Schöpfung und letztlich Gott.

Unser Körper, dieser wunderbare Botschafter des Lebens, sagt uns nicht nur, wo wir uns nicht lebensgerecht verhalten, er sagt uns stets auch genau, was zu tun ist, um wieder ganz in Harmonie mit dem Leben zu sein. Er schickt uns ständig Botschaften, nicht nur über die verschiedenen Krankheitssymptome, sondern auch über die Form unseres Gesichtes, unsere Mimik, Gestik, unseren Gang, an denen wir unseren Charakter erkennen können. Der Körper lässt so für uns etwas sonst Unsichtbares sichtbar werden, damit wir es erkennen.

Über das Universum unseres Körpers spiegelt das Leben jede Wirklichkeit und damit auch den Makrokosmos, die ganze Schöpfung. Dieser wunderbare Botschafter des Lebens, unser Körper, spricht also ständig zu uns. Wir brauchen nur zu lernen, seine Sprache zu verstehen, seine Ratschläge zu befolgen – und schon sind wir im Einklang mit dem Leben, in Harmonie mit der Schöpfung.

Es war im Jahre 1818, als der deutsche Arzt Johann Christian August Heinroth die Ansicht äußerte, körperliche Krankheiten könnten psychische Ursachen haben. Damals wurde er von seinen Kollegen einfach ausgelacht, und zwar nicht wegen der Selbstverständlichkeit seiner Aussage, sondern wegen der so abwegig erscheinenden Idee, es könne wirklich so etwas wie Psychosomatik, so nannte es Heinroth damals schon, in der wissenschaftlichen Medizin geben.

Doch schon Sokrates verkündete vor rund 2.400 Jahren: »Es gibt keine von der Seele getrennte Krankheit des Körpers.« Und Plato, der wohl berühmteste Schüler von Sokrates, beklagte: »Das aber ist der größte Fehler bei der Behandlung von Krankheiten, dass es Ärzte für den Körper und Ärzte für die Seele gibt, wo doch beides nicht getrennt werden kann.« Es wird jedoch noch immer getrennt gesehen, seit es keine Priesterärzte mehr gibt, die für den ganzen Menschen zuständig waren, oder doch wenigstens den guten alten Hausarzt, der seine Patienten und ihre seelischen Nöte kannte. Stattdessen haben wir Spezialisten für jeden Teilbereich mit den entsprechenden Teilerfolgen.

Und selbst wenn wir dazu bereit sind, die Psychosomatik für möglich zu halten, dann suchen wir nach wissenschaftlichen Beweisen dafür. Ist es nicht Beweis genug, dass wir rot werden, wenn wir verlegen sind, und weinen, wenn wir traurig sind? Wir jubeln vor Freude oder werden blass vor Schreck. Dann »rutscht uns das Herz in die Hose« und die »Haare stehen uns zu Berge«. Wir bekommen eine Gänsehaut bei einer erregenden Vorstellung, und die Vorstellung einer anstrengenden Tätigkeit lässt unseren Blutdruck steigen, auch wenn wir sie gar nicht ausführen. Eine schlechte Nachricht schlägt uns auf den Magen, eine andere geht uns an die Nieren. Jedes Gefühl, das die Psyche bewegt, findet seinen Ausdruck im Körper. Was immer unsere Seele erlebt, der Körper macht es nach außen hin sichtbar. Was immer die Seele bewegt, bewegt auch den

Körper, und diese Wirkung kann positiv oder negativ sein, kann uns krank und leidend oder gesund und glücklich machen.

Doch noch immer lehnen viele die Psychosomatik ab, wie der Arzt, der auf einem Kongress zu seinem Kollegen sagte: »Wann immer ich diesen Quatsch mit der Psychosomatik höre, dreht sich mir der Magen um.« Ein typischer Fall von Psychosomatik!

Jede Krankheit ist ein Ausdruck des Körpers für ein ungelöstes Problem, macht uns auf eine geistige Fehlhaltung aufmerksam und zeigt uns, dass eine Korrektur im Bewusstsein erforderlich ist. Krankheit ist daher unser Freund und Helfer, der uns (teilweise schmerzhaft) zu Bewusstsein bringt, wenn etwas nicht in Ordnung ist. Durch die »Sprache der Symptome« zeigt er genau, wo es fehlt und was dagegen zu tun ist. Aus dem Wort Heilung können wir im Übrigen erkennen, worauf es wirklich ankommt, nämlich heiler und damit vollkommener zu werden.

Wir sprechen gern von psychosomatischen Erkrankungen, so als ob es möglich wäre, dass nur die Psyche oder nur der Körper erkrankt. Immer sind jedoch beide betroffen, denn der Körper und die Psyche bilden eine Einheit. Der Körper ist der sichtbare Ausdruck, die Projektionsfläche meines Bewusstseins sowie meiner Psyche und lässt die sonst unsichtbaren Gefühle und Energien, die uns bewegen, sichtbar werden. So gibt es Gedanken und Vorstellungen, die uns gesund oder krank machen können. Solche mentalen Krankmacher sind:

* Die Vorstellung, dass es unbedingt erforderlich sei, von jedem Menschen in meiner Umgebung akzeptiert und geliebt zu werden.

* Die Meinung, dass es eine Katastrophe sei, wenn sich die Dinge nicht so entwickeln, wie ich es gern hätte.

* Der Glaube, dass die eigene Vergangenheit mein Leben weitgehend bestimmt und ich kaum noch etwas ändern kann.

* Die Vorstellung, dass mache Menschen böse und schlecht seien und dafür bestraft werden müssten, womöglich durch mich.

* Der Glaube, dass menschliches Unglück vom Zufall abhinge und man darauf keinen Einfluss habe. »Man hat eben Glück oder Pech.«

* Der Glaube, dass die Gedanken von selbst kämen und man darauf nun mal keinen Einfluss habe.

* Die Vorstellung, dass man sich ständig Gedanken und Sorgen machen müsse, was alles passieren könne, und ständig damit rechnen müsse, dass es auch tatsächlich eintritt.

* Die Vorstellung, dass man unerwünschte Situationen wie Krankheit eben geduldig ertragen müsse, anstatt sie zu ändern.

* Der Glaube, dass jeder Mensch früher oder später krank werde und man daran nichts ändern könne.

Wenn wir diese oder ähnliche Gedanken in unser Bewusstsein nehmen, sie womöglich dort festhalten und häufig wiederholen, dann wird unser Freund, der Körper, uns diese geistige Fehlhaltung bald schmerzhaft als Krankheit zu Bewusstsein bringen.

Wenn uns gedankliche Vorstellungen aber krank machen können, dann können sie uns ebenso zuverlässig gesunden lassen. Ersetzen Sie daher solche und ähnliche Gedanken wie oben durch die Erkenntnis, dass Ihre Körperzellen ein eigenes Bewusstsein haben, das augenblicklich auf Ihre Gedanken reagiert. Ihre gedanklichen Vorstellungen prägen sich ständig jeder einzelnen Zelle Ihres Körpers ein, machen Sie gesund oder krank. Konzentrieren Sie Ihre geistige Schöpferkraft daher auf positive und erwünschte Vorstellungen von Gesundheit, Harmonie und Freude und schenken Sie Ihrem Körper so Gesundheit und Vitalität. Machen Sie es sich zur ständigen Gewohnheit, eventuelle negative Gedanken oder unerwünschte Vorstellungen sofort durch positive zu ersetzen. Denn unser Bewusstsein bestimmt unsere Gesundheit, wir aber bestimmen unser Bewusstsein durch unser Denken!

Es gibt jedoch auch eine Reihe von möglichen Heilungshindernissen:

* Die lähmende Angst vor einer Verschlimmerung, einer weiteren Operation, dem Ergebnis der nächsten Untersuchung, denn gerade damit ziehen wir herbei, was wir befürchten.

* Die Überzeugung, meine Krankheit sei besonders schwierig, vielleicht sogar unheilbar, zumindest aber außergewöhnlich.

* Die Unfähigkeit zu glauben, wieder ganz gesund werden zu können. Aber schon in der Bibel heißt es: »Dir geschehe nach deinem Glauben.«

* Der Mangel an Disziplin, Konzentration und Ruhe, die Unfähigkeit, wirklich zu entspannen und zu warten. Wir beobachten ständig unseren Körper, richten unser Bewusstsein ständig auf den unerwünschten Zustand – und halten ihn so fest.

* Hemmungslosigkeit im Genuss. Wir wollen oder können nicht mehr verzichten. Wir wollen zwar gesund sein, zumindest aber beschwerdefrei, sind aber nicht bereit, auf Genussgifte und falsche Gewohnheiten zu verzichten.

* Unsere geistige Blindheit verhindert, dass wir zu höherer Erkenntnis kommen. »Suchet, so werdet ihr finden«, heißt es

und: »Klopfet an, so wird euch aufgetan.« Es fällt uns aber nicht in den Schoß.

Wir sollten uns immer wieder mit positiven und aufbauenden Gedanken erfüllen. Vor allem dann, wenn wir einen Satz mit »ICH BIN« beginnen, darf nur etwas Positives, Aufbauendes folgen, denn was immer wir in Verbindung mit »ICH BIN« sagen, damit identifizieren wir uns, und das werden wir! Wir sollten uns nicht nur physisch richtig ernähren, sondern auch geistig.

Verbringe die Zeit nicht
mit der Suche nach einem Hindernis,
vielleicht ist keines da.

Franz Kafka

Botschaften des Lebens

Das Leben schickt mir ständig Botschaften – durch immer neue Botschafter. Alle Briefe, die ich bekomme – Liebesbriefe, Werbung, Mahnungen, Einladungen und Vorladungen – sind immer von mir selbst verursacht. Ich kann nur erhalten, was ich »not-wendig« gemacht habe. Ich brauche die Botschaften nur zu erkennen, zu verstehen, sie anzunehmen und zu befolgen, um mein Leben zu verändern.

Allerdings sollte ich stets die Botschaft vom Botschafter trennen und eine Botschaft nicht eventuell ablehnen, weil mir der Botschafter nicht gefällt, sonst verhalte ich mich so, als würde ich eine Geldlieferung nicht annehmen, nur weil der Briefträger keine Krawatte trägt oder mir nicht sympathisch ist. Allerdings sollte ich die Wahrheit und Weisheit nicht der Quelle wegen annehmen, aus der sie stammt, sondern nur, wenn es meine innere Wahrheit anklingen lässt, wenn es in mir deutlich »JA« sagt.

Ich bin der einzige Denker in meinem Universum. Alles, was an mich herangetragen wird, sind Angebote des Lebens an mich, und ich entscheide, ob sie zu mir gehören, ob ich sie annehme oder nicht. Ich nehme nur an, was ich als richtig anerkenne, was wirklich zu mir gehört.

Ich lasse von nun an aber auch nicht mehr die Ausrede gelten: »Ich brauche die Botschaft nicht zu befolgen, weil der Botschafter das ja auch nicht tut.« Wenn der andere es nicht vollkommen tut, ist das für mich kein Grund, es auch unvollkommen oder gar nicht zu tun.

So erkenne ich auch immer deutlicher, dass der andere keine Schuld hat, ganz gleich, was »er mir antut«, denn er ist ja nur der »Bote des Schicksals«, die Ursache dafür liegt bei mir. Alles, was mir unangenehm ist, macht mich nur auf einen Mangel in mir aufmerksam, will mir in Wirklichkeit nur dienen und helfen.

In Wirklichkeit kann mir niemand schaden, kann mich niemand betrügen, denn er betrügt in Wirklichkeit sich selbst. Selbst wenn es ihm scheinbar gelingt, bin ich der Beschenkte, weil das Schicksal die Wirkung ausgleicht oder sogar ins Gegenteil verkehrt.

Und war der Tag
nicht dein Freund, war er
wenigstens dein Lehrer.

Laotse

Die Sprache des Lebens

Sie kennen das alle. Gelegentlich fühlt man sich ganz wohl und denkt: »So könnte es jetzt bleiben.« Die Seele aber interessiert sich nicht für Bequemlichkeit und will weiter, und so schickt sie einen ihrer drei Botschafter:

* Nervosität, Unruhe, Tatendrang.
* Das Leben bietet eine Chance.
* Körperliches Symptom.

Mein EGO und meine SEELE haben recht unterschiedliche Wünsche. Jetzt kommt es darauf an, auf wen ich höre. Höre ich nicht auf mein wahres Selbst, verwirkliche ich nicht den inneren Willen, dann verrate ich mein wahres Selbst, den Heiler in mir, meinen inneren Meister. In diesem Fall schickt mir der innere Meister eine Botschaft, und er bedient sich dabei der »Sprache der Symptome« und der »Sprache der Lebensumstände«. Das Symptom oder der Lebensumstand ist also nur als Wegweiser gedacht.

So lerne ich allmählich, die Sprache des Lebens zu verstehen, ziehe die entsprechenden Konsequenzen und lebe immer mehr in Harmonie mit dem Leben, mit meinem inneren Sein. Es ist wie bei den

Radio- und Fernsehprogrammen. Sie sind ständig im Raum, aber wir hören und sehen nur das, worauf wir »eingestellt« sind.

Im Umgang mit der Sprache des Lebens erkenne ich immer klarer, dass alles, was geschieht, »gleich-gültig« ist, gleich wichtig und gleich richtig. Es kommt nur darauf an, wie ich damit umgehe. Alles ist nur eine Aufforderung, richtig zu reagieren, und so finde ich immer mehr zu einer heiteren Gelassenheit, die durch äußere Umstände nicht mehr gestört werden kann.

Über diese Gelassenheit finde ich allmählich zum Sinn des Lebens, denn es ist unsere Aufgabe, als »GOTT« durch unsere Welt zu gehen. Wenn ich dies ständig im Bewusstsein habe und auch lebe, führt das auf direktem Weg zur Vollkommenheit, zu Erfolg auf allen Ebenen des Seins, zu Gesundheit und Glück.

Die Welt hat Rätsel,

aber sie hat ebenso viele Lösungen,

hundertmal schöner als die Rätsel.

Martin Liechti

Jeder erlebt seine Krankheit anders

Der Materialist erlebt seine Krankheit als sinnlos, deprimierend und seinen Körper als eine Art Spielverderber, mit dem man Glück oder Pech haben kann.

Der Gläubige wird die Krankheit als Folge von Übertretungen religiöser Gebote deuten und um Heilung bitten.

Der Esoteriker wird dazu neigen, die Krankheit als eine Auswirkung von karmischen Gesetzen zu sehen.

Der Gebildete sieht die Krankheit als eine Folge einer Infektion durch Bakterien oder Viren.

Der geistig reife Mensch aber erkennt die Wirklichkeit hinter dem Schein und Krankheit als eine Wirkung, der eine entsprechende Ursache vorausging. Er weiß, dass es nicht sinnvoll ist, nur die Wirkung, also das Symptom zu beseitigen, sondern dass das Symptom von selbst verschwindet, wenn die Ursache erkannt und beseitigt wurde. Er erkennt und achtet die Gesetze der Natur und weiß, dass dann auch die Natur ihren Teil zur Gesundheit beiträgt. Er weiß, dass weder der Arzt noch das beste Medikament, sondern nur die Heilkraft in ihm selbst heilen kann. Er weiß, dass sein eigenes Bewusstsein das tiefste Wissen über den eigenen Körper hat, und fragt gezielt seine Intuition um Rat. Er ist ein mündiger Patient, und der Therapeut ist nur sein Ratgeber, dessen Fachwissen er nutzt, um in eigener Verantwortung seine Entscheidungen zu treffen.

Der Mensch ist ein geistiges Wesen, frei von Geburt, Krankheit, Alter und Tod. Unser sichtbares Geborenwerden, Krank- und Älterwerden und letztlich Sterben hat im Grunde nichts mit uns zu tun, weil es nicht unser wahres Selbst betrifft, sondern nur unseren Körper. Der Bewohner des Körpers ist ein individualisierter Teil des einen Bewusstseins und damit unsterblich. Aber es ist unsere Pflicht, den Körper in einem guten Zustand zu halten, bis wir auch unsere geistige Geburt vollendet haben. Unser Schöpfungsauftrag lautet, gesund und glücklich in der Fülle zu leben und jung zu bleiben, auch wenn wir alt werden. Dazu müssen wir unser Denken, Fühlen, Reden und Handeln in Einklang bringen mit der Schöpfung.

Der Körper ist immer eine Wirkung, niemals eine Ursache. Auch die sogenannten Alterskrankheiten sind nur Informationen über ungelöste Aufgaben des Lebens.

Viele Menschen fragen sich, wie ein Gott der Liebe das Leid überhaupt zulassen kann. Sie übersehen dabei, dass Leid weder gottgewollt noch gottgefällig ist. Doch anstatt die Ordnung zu erkennen, glauben sie an Zufall, Glück oder Pech. Die wahre Ursache von Krankheit und Leid ist stets das Denken bzw. das falsche Denken.

Was uns trifft, entspringt dem Denken,
geht aufs Denken stets zurück.
Was uns trifft, quillt aus dem Denken,
Denken regelt das Geschick.

So wir, bösem Denken dienstbar,
Worte oder Taten schufen,
folgt das Leid dem Weltenlaufe
wie das Rad des Zugtiers Hufen.

So wir, reinem Denken dienstbar,
Worte schaffen oder Taten,
folgt das Glück dem Weltenlaufe,
bleibt uns treu wie unser Schatten.

Dh 1/2

Heilung – heil – heilig

Jede Heilung ist eine geistige Heilung. Es gibt kein Medikament gegen Ärger, Zorn, Neid usw. Hier hilft nur eine Wandlung im Bewusstsein. Heilung bedeutet also, das verkehrte Bewusstsein wieder auszurichten auf die eine Kraft und die Einheit allen Seins. Heilung ist demnach immer ein WACHSEN IM BEWUSSTSEIN.

Dieses »verkehrte« Bewusstsein entsteht vor allem aus Unwissenheit, einem Mangel an Information oder durch Fehlinformation. Das aber zeigt nur, dass ich nicht gesucht habe, denn das Gesetz lautet: »Wer suchet, der findet.« Der erste Schritt, die Unwissenheit zu beenden, ist es daher, sich auf die Suche zu machen.

Doch gilt es nicht nur, Wissen zu erwerben, sondern auch die »geistige Blindheit« zu heilen, die sonst verhindert, dass das Wissen zur Weisheit wird. Wir müssen die Identifikation mit dem Körper aufgeben, mit dem Denken und Fühlen, wodurch die Verbindung zu meinem wahren Selbst, dem universellen Bewusstsein in mir verlorengeht. Das Ergebnis ist dann das »Ich-Bewusstsein« und damit der Egoismus. Diese Trennung vom höchsten Bewusstsein hält aber kein »Ich« aus, ohne krank zu werden. Aus Egoismus »kränken« wir uns gegenseitig, bis wir wirklich krank geworden sind, ja dieser Egoismus ist die eigentliche Krankheit.

Es geht also nicht nur um die Heilung unseres Körpers, sondern um unser »Seelen-Heil«. Heil bedeutet »ganz und ungeteilt«. In Wahrheit sind wir »In-dividuen«, also ungetrennte Teile des einen, höchsten Bewusstseins, und Seelenheil bedeutet daher, wieder im Bewusstsein dieser Einheit zu leben. Das »heilt« die Seele, indem es den Schmerz der scheinbaren Trennung beseitigt, und damit heilt es das Gemüt und letztlich auch den Körper, der ja nur das »Un-heil« widerspiegelt.

Es geht jedoch nicht nur um das Heilsein meiner Seele, sondern ebenso um die Vereinigung meiner individuellen Seele mit der Weltenseele. Erst wenn auch diese Einheit wiederhergestellt ist, bin ich wirklich geheilt.

Um dieses Seelenheil zu erreichen, ist eine Beseitigung der »Innenwelt-Verschmutzung« erforderlich und ein Reinhalten der Innenwelt durch regelmäßige Psychohygiene, eine »Gemütswäsche«, in der negative Gedanken, belastende Gefühle, unbeherrschte Triebe und unbedachtes Reden und Tun bereinigt werden, damit sich das Ebenbild Gottes, das ICH BIN, wieder ungetrübt spiegeln kann im klaren Spiegel meiner Seele.

Doch geht es nicht nur darum, Körper und Seele geistig zu heilen, sondern es geht letztlich um die Heilung im Geist und damit um Heiligung, denn indem ich wieder aus der Gottesunmittelbarkeit heraus handle, heilige ich alles Tun. Aber nicht nur das Tun, das ganze Sein wird dadurch geheiligt. Heilig sein bedeutet nicht mehr, aber auch nicht weniger, als im Bewusstsein der Einheit mit dem höchsten Bewusstsein aus dieser Einheit heraus zu leben.

Wir können der Sonne
nicht entgegeneilen,
ihr auch nicht nachlaufen,
aber wir können sie immer
im Herzen tragen.

Carla Pob

Von der Einstellung zu materiellen Dingen

Einige Schiffbrüchige stranden an einer Insel. Es ist spät, und so suchen sie etwas Laub zusammen und machen sich ein Lager. Bevor sie sich zur Ruhe begeben, prüfen sie ihre Vorräte und überdenken ihre Situation sowie ihr weiteres Verhalten.

Einer von ihnen aber sucht alles Laub zusammen, was er nur finden kann, und legt einen riesigen Laubhaufen an. Er arbeitet fast die ganze Nacht, und tatsächlich hat er den größten Haufen aufgetürmt und alles erreichbare Laub herbeigeholt. Dann klettert er erschöpft auf seinen Haufen, kann aber gar nicht zur Ruhe kommen, weil der immer wackelt und der Wind die Blätter wegweht. So muss er sich ständig bemühen, alles zusammenzuhalten.

Am nächsten Morgen ziehen alle weiter und lassen ihre Laubhaufen zurück, die der Wind wieder verweht, alle sind wieder auf demselben Stand. Doch während die anderen frisch und ausgeruht sind, ist der, der alles Laub zusammenraffte, todmüde.

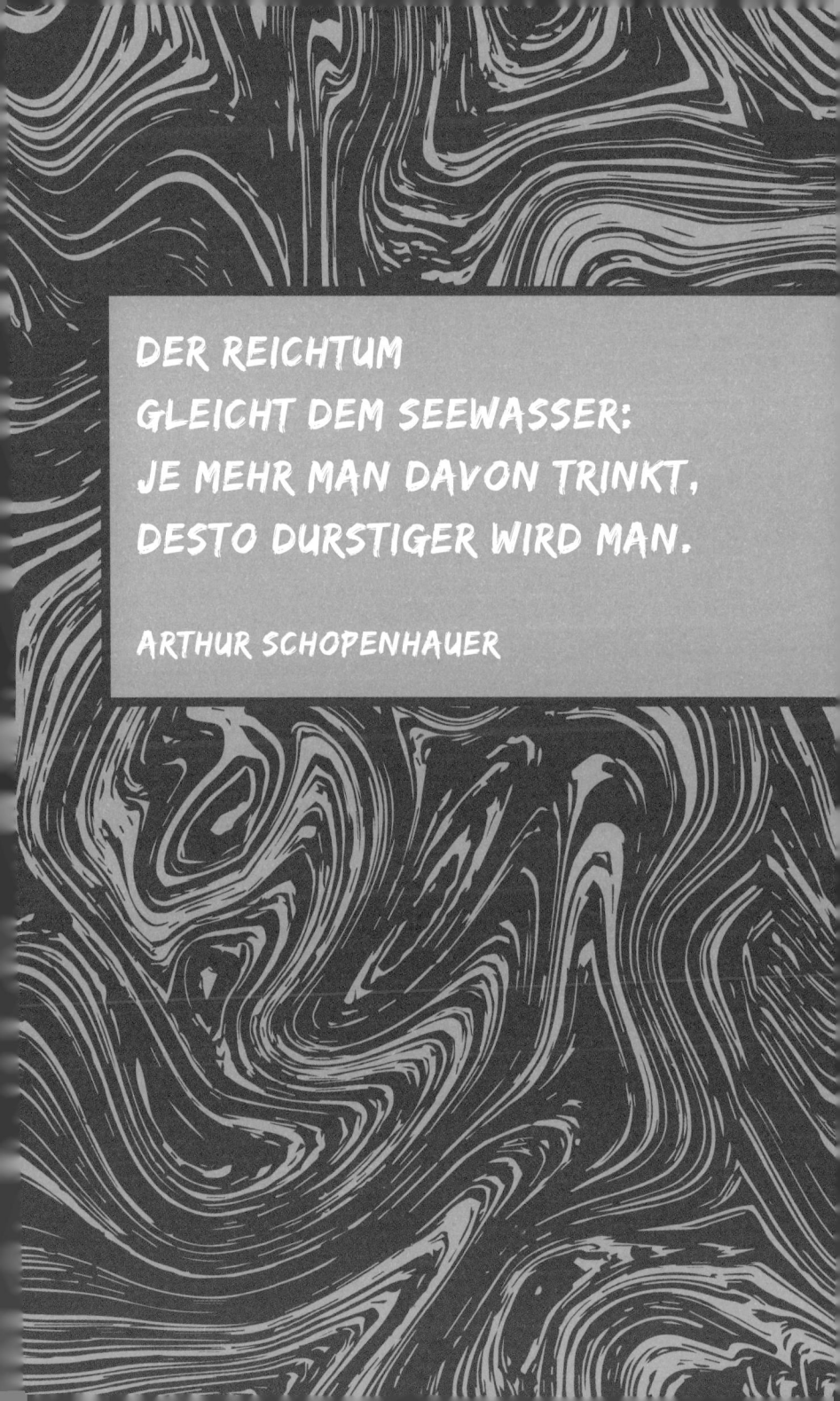

DER REICHTUM
GLEICHT DEM SEEWASSER:
JE MEHR MAN DAVON TRINKT,
DESTO DURSTIGER WIRD MAN.

ARTHUR SCHOPENHAUER

Theorie und Praxis der Psychohygiene

Die Erkenntnis, dass Psychohygiene zur Erhaltung der seelischen Gesundheit des Menschen ebenso erforderlich ist wie körperliche Hygiene zur Erhaltung der körperlichen Gesundheit, ist nicht neu. Schon zu Anfang dieses Jahrhunderts erschienen einzelne Veröffentlichungen zu diesem Thema, doch blieb das Interesse der Menschen sehr gering, wahrscheinlich weil es an brauchbaren Hinweisen fehlte, was der Einzelne zur Erhaltung und Stabilisierung seiner seelischen Gesundheit tun kann.

Auch die körperliche Hygiene fand ja erst dann eine weite Verbreitung, als konkrete Regeln ins Bewusstsein der Menschen gebracht wurden, wie regelmäßiges Händewaschen, Baden und Zähneputzen oder sich von Menschen mit einer ansteckenden Krankheit fernzuhalten, um sich nicht zu infizieren. Das war logisch und einleuchtend, und so konnten die körperlichen Infektionskrankheiten wie Pest, Typhus, Cholera weitgehend überwunden werden.

Aber auch auf geistig-seelischem Gebiet gibt es Infektionskrank-heiten und Seuchen, die sich immer mehr ausbreiten, wenn wir nicht durch regelmäßige Psychohygiene, die zur festen Gewohnheit werden sollte, die Voraussetzung für eine gute geistig-seelische Gesundheit schaffen.

Solche geistig-seelischen Infektionen sind: Ärger, Angst, Stress, Sorge, Hast, Schuldgefühle, Aggressionen. Jeder von uns wird immer wieder einmal mit dem einen oder anderen oder gar mit allem konfrontiert, bis er regelmäßig Psychohygiene betreibt. Dazu gehört vor allem das abendliche »mentale Umerleben«, in dem alle infizierenden Energien aufgelöst und ins Gegenteil umerlebt werden, bevor sie Schaden anrichten können. Dazu gehört auch, jeden Menschen so anzunehmen, wie er nun einmal ist, und jedem Wohl-wollen, vielleicht sogar Liebe entgegenzubringen.

Nur wenn Psychohygiene zur festen, regelmäßigen Gewohnheit geworden ist, haben geistig-seelische Infektionen keine Chance mehr. Das Ergebnis ist seelische Harmonie und eine unerschütter-liche Gelassenheit, mit der wir froh durchs Leben gehen.

Es muss ein Zustand des Herzens sein:
ganz positiv und sanft zugleich –
sonnig und entschlossen.

Nie zweifelnd, verkrampft,
ungeduldig oder zersehnt.

Prentice Mulford

Weise Lebensführung – ein kleiner Leitfaden

Suchen: Sich auf den Weg machen. Bereit und offen sein zu finden, was da ist. Sich SELBST »ent-decken«. Alle Suche ist immer die Suche nach sich SELBST.

Achtsamkeit: Gedankendisziplin erlernen und bewahren.

Klarheit: Die »Wirklichkeit hinter dem Schein« erkennen. Regelmäßig Psychohygiene betreiben.

Erkenntnis: Zu sich SELBST erwachen. Erkennen, ich bin einmalig. Ich bin Schöpfer. Die geistigen Gesetze erkennen und befolgen. Auch die Botschaften des Lebens erkennen und befolgen. Meinen Seinsauftrag erkennen – meine wahre Bestimmung, meine Aufgabe, meinen Weg und mein Ziel. Erkennen: Mein Platz ist da, wo ich stehe. Jedes Problem ist ein Geschenk des Lebens an mich. Mein Schicksal ist ein Spiegelbild meines Soseins. Ich kann mich jederzeit vom Rad des Schicksals befreien, indem ich meine Eigenwilligkeit loslasse.

Entwicklung: Loslassen, was nicht mehr wirklich zu mir gehört. Die Vergangenheit bereinigen (mental umerleben). Vergangenheit ist vorbei und kommt nie mehr wieder.

Befreiung: Gelassen durchs Leben gehen. Erkennen: Gewinn und Verlust sind »gleich-gültig«.

Transformation: Werden, wie ich gemeint bin. Wege entstehen dadurch, dass man sie geht.

Ich SELBST sein: Wirklich MEIN Leben leben. Mein Geschenk an die Welt ist: Ich bin der ICH BIN. Mein geistiges Erbe antreten. Als Beruf meine »Be-RUF-ung« ausüben. Im Paradies sein heißt, ganz ICH SELBST sein.

Bewusstsein: Ganz im HIER und JETZT leben – den Augenblick erfüllen. Erkennen, das Leben ist ein Spiel, das mir zur Freude gespielt wird.

Weisheit: In der Weisheit meines WAHREN SELBST leben. Erkennen: Alles ist gut, denn alles will mir nur dienen und helfen. Im »Buch der Schöpfung« lesen – zur »Ein-Sicht« kommen. Das Leben als Einweihungsweg erleben.

Wirklich leben: Die Fülle des Lebens in Besitz nehmen. Gesund und voller Energie und Freude in der Fülle leben. Im »Ein-klang« mit der Schöpfung voller Freude die »Melodie meines Lebens« spielen. Aus meinem Leben ein Meisterwerk machen. Das SELBST ist der Künstler, das Leben das Kunstwerk. GOTT in mir durch mich leben lassen.

Lieben: Als »Botschafter Seiner Liebe« durchs Leben gehen. Den Weg sehen, den Weg gehen, selbst zum Weg werden. GOTT lebt (liebt) in mir und wirkt durch mich, als ich. Der Welt zum Segen werden.

*Weise Lebensführung gelingt
keinem Menschen durch Zufall.
Man muss, solange man lebt,
lernen, wie man leben soll.*

Seneca

So erkenne ich den Sinn meines Lebens

Der Sinn des Lebens ist eine ständige Bewusstseinserweiterung durch die Erkenntnis:

Ich bin unsterbliches Bewusstsein.

Ich bin ein individualisierter Teil des einen Bewusstseins und von meiner wahren Natur daher seit jeher vollkommen. Mein Seinsauftrag ist es, die Vollkommenheit meines wahren Seins immer vollkommener zum Ausdruck zu bringen. Ich muss also Vollkommenheit nicht mühsam erlernen, erarbeiten, eratmen oder ermeditieren – ich bin vollkommen. Ich brauche daher nur alles Unvollkommene, was nicht zu meinem wahren Wesen gehört, loszulassen. Also muss ich LOSLASSEN lernen.

Es geht um das Loslassen aller Bindungen an meinen Besitz, meinen Körper, die Rolle, die ich hier spiele, Macht, Titel, Anerkennung, ja sogar die lieben Menschen, die ich hier gefunden habe. Das heißt nicht, sie zu verlassen oder meinen Besitz zu verschenken, sondern alles als Leihgabe des Schicksals zu verwalten und es loszulassen, wenn das Leben es zurückfordert.

Ich bin aber auch mit einer bestimmten Absicht in diese Welt gekommen, und ich kann nur Erfüllung finden, wenn ich meine Lebensaufgabe erkenne, annehme und erfülle. Das ist gar nicht so schwierig. Ich brauche nur zu erkennen, welche Fähigkeiten, Kräfte und Neigungen ich mitgebracht habe und auf welchen Platz mich das Leben gestellt hat. Ich erkenne, dass es gleichgültig ist, auf welchem Platz ich stehe, entscheidend ist nur, wie ich ihn ausfülle.

Meine Aufgabe wird auch durch meine Lebensumstände an mich herangetragen und mir nahegebracht. Das Leben schickt mir ständig Lehrer, zeigt mir Wege, mich zu erfüllen. Ich brauche nur die Chancen zu erkennen und zu nutzen, dann kann ich meine Aufgabe gar nicht verfehlen. Dann bin ich auf meinem Weg.

Der individuelle Sinn des Lebens ist es, die Aufgabe meines Lebens zu erkennen und zu erfüllen. Zu erkennen, ich selbst bin meine Hauptaufgabe.

Zum individuellen Sinn des Lebens gehört auch, dass wir lernen, um zu lehren. Der Fortgeschrittene lernt vom Höheren und wird gleichzeitig seinem weniger erwachten Bruder zum Lehrer. So ist jeder stets Schüler und Meister in einem. Wir sollten uns immer bemühen, eine Chance für andere zu sein. Ich weiß, dass es meine Pflicht ist, meinem Nächsten zu helfen. Gutes zu tun, Notwendiges nicht zu unterlassen und Falsches nicht zuzulassen. Vom Gegeneinander und Durcheinander über das Nebeneinander zum Miteinander kommen.

Es ist daher sehr sinnvoll, möglichst lange zu leben, damit die Zeitspanne für den eigentlichen Fortschritt möglichst lang ist, und Achtsamkeit ist erforderlich, damit ich diese Zeit möglichst optimal nutze.

Unser Auftrag ist es, vom Haben über das Sein zu Seinem Willen zu finden. Vom Instinkt über das Ego zum wahren Selbst = Gott!

Wer nicht an sich selbst arbeitet, an dem wird gearbeitet, und wer dauernd Unüberhörbares überhört und Unübersehbares übersieht, der darf sich nicht wundern, wenn ihm eines Tages Hören und Sehen vergehen!

Den Tod als Krönung des Lebens erkennend, gehe ich gelassen und »gleich-gültig« durchs Leben.

Zusammengefasst sind die einzelnen Schritte zu einem erfüllten Leben daher:

* Meine Aufgabe erkennen.
* Den Augenblick erfüllen.
* Erkenntnisse, also wahren Reichtum sammeln.
* Selbstverwirklichung.
* Hilfe für Mitmensch und Schöpfung sein.
* Den Tod als Krönung des Lebens erkennen.

Der Sinn des Lebens
besteht darin,
deine Gabe zu finden.
Der Zweck des Lebens ist,
sie zu verschenken.

Pablo Picasso

Das Hemd eines Glücklichen

Es war einmal ein mächtiger König, der wurde sehr krank und keiner seiner Ärzte konnte ihm helfen. Da schickte er nach dem Weisesten seines Reiches und fragte ihn: »Was kann ich tun, um wieder gesund zu werden?« Der Weise sagte: »Was dir fehlt, ist das Hemd eines Glücklichen. Trage das Hemd eines Glücklichen, und du wirst wieder ganz gesund.«

Der König schickte sofort seine Reiter in sein Land, um ihm das Hemd eines Glücklichen zu bringen. Die Reiter fragten jeden, ob er glücklich sei. Der eine sagte, er sei so arm, dass er nicht glücklich sein könne, der andere sagte: »Ich habe gerade mein Kind verloren, wie kann ich glücklich sein?« Ein anderer meinte, er habe alles, was man sich wünschen könne. Er sei zwar nicht glücklich, aber zufrieden. Und so kehrten die Reiter enttäuscht in den Palast zurück.

Ein Reiter aber fand in dem entferntesten Winkel des Reiches einen armen Mann auf dem Feld bei der Arbeit, und als er ihn fragte, ob er glücklich sei, sagte er: »Ja, ich bin wirklich glücklich!« Da war auch der Reiter sehr glücklich, dass er seinen Auftrag erfolgreich ausführen konnte, und er sagte zu dem armen Mann: »Gib mir dein Hemd für den König.« Da sagte der Glückliche: »Aber ich habe gar kein Hemd.« Mit dieser Botschaft kehrte der Reiter zu seinem König zurück. Der aber erkannte, dass man Glück nicht haben kann und jeder alles hat, um glücklich zu sein, und er wurde wieder gesund.

Wenn auch du immer glücklich sein willst, dann trage auch du das HEMD EINES GLÜCKLICHEN!

ES GIBT KEINEN WEG ZUM GLÜCK.

GLÜCKLICHSEIN IST DER WEG.

SIDDHARTHA GAUTAMA BUDDHA

Wahres Selbstbewusstsein

Um wirklich selbstbewusst zu leben, müssen wir zunächst einmal unser wirkliches SELBST bewusst erkannt haben. Wir müssen wissen, wer wir wirklich sind, denn wir sind nicht unser Körper, wie die meisten noch immer glauben, wir sind auch nicht der Verstand, das Gemüt, das Unterbewusstsein oder das Ego, sondern wir alle sind *Bewusstsein*. Bewusstsein aber wird weder geboren noch kann es altern, krank werden oder sterben. Das sind alles nur Erfahrungen, die den Körper betreffen, nicht aber unser wahres Selbst, unser Bewusstsein. Erst wenn ich das erkannt habe, kann ich im Bewusstsein meines wahren Selbst leben. Und unser wahres Selbst ist ein individualisierter Teil des einen, allumfassenden Bewusstseins, das wir Gott nennen.

Alle Weisen sind sich einig, dass der Mensch als Mikrokosmos dem Makrokosmos entspricht. Das bedeutet auch, dass das Außen nur ein Spiegelbild des Innen ist und ich das Außen nur in dem Maße verändern kann, wie ich das Innen ändere. So wird Selbsterkenntnis zur Erkenntnis der Schöpfung und die Erkenntnis des Kosmos zur Selbsterkenntnis. Wir lernen so auch, das Gesetz der Resonanz bewusst einzusetzen, um durch gezielte Veränderungen unseres inneren Seins das äußere Sein nach unseren Wünschen zu verändern.

Doch nur wenige Menschen sind bereit, der Wahrheit ins Gesicht zu sehen, besonders wenn es darum geht, sich selbst zu erkennen.

Ohne diese Bereitschaft aber ist Selbstverwirklichung nicht möglich, denn Selbsterkenntnis ist der erste Schritt zur Selbstverwirklichung. Wer andere erkennt, ist klug, wer sich selbst erkennt, ist weise! Selbsterkenntnis aber, ohne die Konsequenzen daraus zu ziehen, ist Zeitverschwendung, und Zeit ist Leben. Selbsterkenntnis heißt jedoch nicht, unser Ego oder unsere Persönlichkeit zu erkennen, sondern unser wahres Selbst. Zur wahren Selbsterkenntnis braucht es die Bereitschaft, diese Wirklichkeit anzunehmen – wir müssen zur »Ein-Sicht« kommen, das eine hinter allem erkennen. In dem Maße, wie das geschieht, entsteht wahres Selbstbewusstsein.

Mit der Forderung: »Erkenne dich selbst«, also dein wahres Selbst, hängt natürlich auch die weitere Forderung zusammen: »Sei du selbst.« Viele vergessen dabei, dass man nicht wirklich glücklich sein kann, solange man sich bemüht, (wie) ein anderer zu sein.

Der zweite wichtige Schritt im Leben ist die Selbstbeherrschung. Das heißt nicht, etwas zu unterdrücken, sondern die vorhandenen Kräfte und Möglichkeiten zu erkennen und sie zur richtigen Zeit sowie im rechten Maß einzusetzen. Selbstbeherrschung heißt, dem wahren Selbst die Herrschaft zu geben, sich nicht mehr bestimmen zu lassen von eigenwilligen Wünschen, also von seinem Ego.

Damit kommen wir zum dritten Schritt, der Selbstverwirklichung. Wir erkennen das Wirken des eigenen Wesens und Werdens und setzen unsere Kraft und Zeit nur noch dafür ein, dieses wahre Selbst zu verwirklichen. Wir verlassen uns dabei auch nicht mehr auf andere, denn wer sich auf andere verlässt, verlässt sich. Also selbst denken, selbst handeln, selbst die richtige Entscheidung treffen, denn wir tragen auch die Folgen selbst.

Selbsterkenntnis kann uns aber nicht nur bewusst machen, wer wir sind, sondern auch, wer wir werden könnten und in Wahrheit schon immer waren. Wer in der Selbsterkenntnis lebt, kann auch nicht mehr »ent-täuscht« werden, denn er hat die Täuschung selbst beendet und erkennt die Wirklichkeit hinter dem Schein.

Ziel des Lebens ist Selbstentwicklung.
Das eigene Wesen völlig zur Entfaltung zu bringen,
das ist unsere Bestimmung!

Sowie – damit verbunden – die möglichst
umfassende Ausschöpfung der individuell
gegebenen Möglichkeiten und Talente.

Oscar Wilde

Das »Übermantra«

Ich möchte Ihnen ein außerordentlich wirksames Experiment vorschlagen, das sofort von Ihnen ausgeführt werden kann. Es ist die Technik des »Übermantra«, eine Mischung aus Coué'scher Formelbildung und indischer Mantratechnik.

Coué war ein französischer Apotheker und fand heraus, dass die Wiederholung der Formel »Es geht mir von Tag zu Tag in jeder Hinsicht besser und besser« einen äußerst positiven Einfluss auf die Gesundheit und die seelische Verfassung von Patienten hat. Es wurde angeraten, die Formel 20- bis 30-mal zu wiederholen. Die Coué'sche Formel war die Grundlage für die Entwicklung des autogenen Trainings und der Technik des positiven Denkens.
Im indischen Yoga wird eine ähnliche Form der Formelbildung benutzt, das sogenannte Mantrachanten. Der Yogaschüler meditiert hierbei mehrere Stunden des Tages über eine kurze, aussagekräftige Formel, deren Sinn sich ihm mehr und mehr erschließt und deren Aussage immer mehr zu seinem geistigen Eigentum wird.

Das Übermantra ist nun eine Kombination aus beiden Techniken, die alle Vorteile in sich vereint.

Wählen Sie zunächst einen Satz, eine kurze, einprägsame und rhythmische Formel, die Ihnen leicht von den Lippen geht und einen von Ihnen gewünschten Endzustand beschreibt. Solche Formeln können lauten:

»Positives Leben durch positives Denken.«

»Die innere Heilkraft heilt mich jetzt.«

»Das Glück kommt mit auf Schritt und Tritt.«

»Ich bin eins mit dem Leben und völlig gesund!«

»Lernen macht Freude und führt zum Erfolg.«

»Ich helfe dir, spricht Gott in mir.«

»Jede Zelle meines Körpers ist gesund und stark.«

Nehmen Sie sich nun etwa zwanzig Minuten Zeit und suchen Sie sich einen Ort, an dem Sie in dieser Zeit nicht gestört werden. Wir wollen nun diese Formel nicht nur 30-mal wiederholen, so wie Coué es empfiehlt, wir wollen uns aber auch nicht einen Tag lang damit beschäftigen. Was wir machen wollen, ist, diese von uns ausgesuchte Formel für etwa zwanzig Minuten ununterbrochen zu wiederholen, und zwar so schnell hintereinander, dass sich kein anderer Gedanke in unserem Bewusstsein einnisten kann. Für etwa zwanzig Minuten soll Ihr einziger Gedanke Ihre Formel sein. Die Wiederholungen müssen so schnell sein, dass Sie während dieser Zeit keine Gelegenheit haben, an etwas anderes als Ihren Vorsatz zu denken.

Die Wirkung dieser Methode ist verblüffend. Zum einen werden wir nach zwanzig Minuten feststellen, dass unsere Formel unser gesamtes Bewusstsein ausfüllt. Wir haben in diesen zwanzig Minuten keine andere geistige Ursache als nur das von uns formulierte Ziel gesetzt. Doch Sie werden feststellen, dass auch jetzt, da Sie mit der Rezitation aufgehört haben, die Formel in Ihnen weiterklingt wie ein Lied, eine Melodie, die wir nicht mehr loswerden. Dieser Effekt ist beabsichtigt, weil diese Formel unser Bewusstsein noch lange Zeit in positiver Weise beeinflusst!

Nun werden Sie Ihr Bewusstsein wieder anderen Dingen zuwenden, wenn Ihnen Ihre persönliche Formel auch noch lange im Ohr klingen wird. Doch das Verblüffende ist, dass, wenn Sie nach einigen Stunden in sich hineinhorchen, Sie feststellen werden, dass Ihre Formel noch immer in Ihnen klingt, wie ein Rad, das Sie einmal in Bewegung gesetzt haben und das nun sehr lange in Ihnen ausschwingt. Jetzt genügt eine kurze Zeit der erneuten, bewussten Wiederholung, um das »Rad« wieder in Schwung zu bringen, so dass die Formel Ihnen wieder für längere Zeit im Bewusstsein bleibt. Wenn Sie dieses Rad von nun an immer in Bewegung halten, werden Sie miterleben, wie Sie und die Umstände Ihres Lebens sich zu Ihren Gunsten zu verändern beginnen. Denn jeder unserer Gedanken ist eine schöpferische Ursache, und eine solche Ballung von Ursachen hat auch eine entsprechend tiefgreifende Wirkung zur Folge!

Weitere Formeln:

Ich bin ein vollkommener Ausdruck der Vollkommenheit des Seins.

Durchlichtet und erfüllt von dem Bewusstsein Seiner Gegenwart gehe ich durch den Tag und erfülle den Augenblick.

Jede Zelle meines Körpers ist ein Spiegelbild Seiner Kraft und Vollkommenheit.

Jede Zelle meines Körpers sowie mein ganzes Sein auf allen Ebenen ist durchlichtet und erfüllt von der Vollkommenheit des einen Bewusstseins.

Im Bewusstsein Deiner Gegenwart gehe ich durch den Tag und erfülle den Augenblick.

Weisheit und Liebe leiten mich jetzt.

Der Mensch,
der alles positiv sieht,
denkt auch so.

Erhard Horst Bellermann

Tue, was du tust

Das heißt, ganz da sein, wo mein Körper ist, und bewusst in der Gegenwart leben. Das heißt auch:

bewusst essen, wenn du isst,

bewusst lesen, wenn du liest,

bewusst reden, wenn du sprichst,

bewusst arbeiten, wenn du arbeitest,

bewusst ruhen, wenn du ruhst.

Es ist dabei nicht wichtig, *was* ich tue, denn es gibt keine niederen und höheren Tätigkeiten, sondern es kommt nur darauf an, *wie* ich es tue. Meine Achtsamkeit adelt meine Tätigkeit. Das kostet auch nicht mehr Zeit. Im Gegenteil, wenn ich etwas bewusst tue, dann ist es auch wirklich getan, und ich kann es loslassen.

Geben Sie doch einmal jemandem bewusst die Hand!

Spüren Sie, was der andere sagt, ohne es auszusprechen?

Legen Sie auch einmal Ihr Bewusstsein in Ihre Hände und erleben Sie mit, was Ihre Hände tun. Den Kuli oder den Telefonhörer in die Hand nehmen, eine Türklinke, einen Brief, ein Glas oder ein Stück Brot. Jede Tätigkeit kann so zu einem bewussten Erlebnis werden.

Übung:

* Ich mache mir zunächst meine Hände bewusst. Ich spüre, wo sie sind, was sie tun, wie sie es tun.

* Ich gehe in ein geistiges Zwiegespräch mit meinen Händen. Ich bitte um Mitarbeit oder um Hilfe bei einer schwierigen Arbeit. Ich empfange ihre Antwort und spreche häufig mit ihnen.

* Ich lasse meine Tätigkeit von meinen Händen ausführen. Ich bin nur Beobachter. Meine Tätigkeit »geschieht« durch mich.

Nehmen wir danach doch einmal unsere Füße bewusst wahr: bewusst gehen, stehen, im Gleichgewicht sein, bewusst eine Treppe hinauf- oder hinuntergehen. Wieder einmal barfuß gehen. Beim Autofahren bewusst Gas geben oder kuppeln.

Wenn wir wieder von Kopf bis Fuß bewusst sind, kann die Lebenskraft wieder frei fließen.

Wieder einmal bewusst die Füße mit Vertrauen aufsetzen, schon morgens mit Vertrauen aufstehen und den ganzen Tag voller Vertrauen auf der Erde stehen. In der Schöpfung ruhen, letztlich in Gott – oder wie immer wir die eine Urkraft nennen.

Oder den anderen Pol, unseren Scheitel, bewusst erleben. Uns einmal mit dem Bewusstsein über uns erheben und dann bewusst eine Verbindung herstellen von unserem »erhobenen Bewusstsein« zu unseren Füßen. Lassen Sie Sicherheit, Vertrauen oder Erkenntnis durch den Scheitel einfließen und durch Ihren Körper strömen bis zu den Füßen, und zwar mit jedem Atemzug – bis Sie, bis jede einzelne Körperzelle davon durchdrungen und erfüllt ist.

Bewusstes Sitzen ist genauso wichtig oder bewusst Geborgenheit im Bett spüren. Sich wirklich einmal bewusst niederlassen. Spüren »ich werde getragen«. Bewusst gehen, stehen und sitzen und im Vertrauen sein, ist ständige Arbeit an sich selbst, ein Loslassen des kleinen Ichs – es ist ein Geschehenlassen des Lebens durch sich.

Nehmen Sie bewusst wahr, wie Sie beim Frühstück sitzen, Ihre Haltung im Auto, am Schreibtisch, im Kino, beim Fernsehen. Nehmen Sie bewusst Fülle wahr!

All das führt zu einer neuen Form des »Daseins«. Wir erwachen endlich zu dem, was wirklich leben heißt, indem wir einfach mit ungeteilter Aufmerksamkeit das tun, was wir gerade tun! Das ist eigentlich sehr einfach, aber was folgt, ist ein Wunder!

Niemand kann das für mich tun, aber tue ich es für mich, bin ich auf dem Weg – dem Weg des Bewusstwerdens.

WENN DIE ACHTSAMKEIT ETWAS SCHÖNES BERÜHRT, OFFENBART SIE DESSEN SCHÖNHEIT.

WENN SIE ETWAS SCHMERZVOLLES BERÜHRT, WANDELT SIE ES UM UND HEILT ES.

THICH NHAT HANH

Der Umgang mit Lob und Kritik

Ich erkenne, dass Lob oder Kritik an mir immer nur die Meinung eines anderen darstellt, und die kann richtig oder falsch sein.

Wenn sie richtig ist, dann bin ich dem anderen dankbar, dass er mich darauf aufmerksam gemacht hat und mir so Gelegenheit gibt, an mir zu arbeiten und mein Bewusstsein zu erweitern. Ich kann mich so verbessern und Falsches oder Unerwünschtes loslassen.

Ist es aber falsch, was er mir vorwirft, dann habe ich erst recht keinen Grund, ihm böse zu sein, denn er hat sich einfach nur geirrt, und jeder Mensch hat das Recht, sich zu irren.

Lobt er mich aber, so freue ich mich, dass er eine so gute Meinung von mir hat, aber ich weiß natürlich, dass auch dadurch keine neue Wirklichkeit geschaffen wurde; auch das Lob ist nur die Meinung eines anderen über mich, die ich gelassen hinnehme.

Ob also jemand Lob oder Kritik äußert, ich verhalte mich gleich gelassen und prüfe nur objektiv, ob und welche Konsequenzen ich daraus ziehen will, ziehe diese und lasse die Situation wieder los.

Wir sind alle geneigt,
Kritik übelzunehmen und
Lob wie Honig aufzuschlecken,
ganz gleich, ob Kritik und Lob
gerechtfertigt sind.

Wir sind Geschöpfe des Gefühls.
Unsere Vernunft gleicht einem Boot,
das auf dem tiefen, dunklen,
stürmischen Meer unserer
Gefühlswelt umhertreibt.

Dale Carnegie

Selbstmitleid

Die Vergangenheit können wir nicht ändern, da hilft auch kein Selbstmitleid. Aber die Zukunft gehört uns. Hier ist noch alles möglich, deshalb sollten wir niemals unsere Kraft durch Selbstmitleid vergeuden. Schließlich haben wir unser Schicksal selbst verursacht, und wir sind die Einzigen, die es ändern können, also frisch ans Werk! Wir brauchen unsere ganze Kraft für die bewusste Gestaltung unserer Zukunft.

Selbstmitleid ist auch überflüssig, da ich ja die beklagten Umstände jederzeit ändern kann. Nur dadurch werden sie anders, während Selbstmitleid nichts ändert – ich raube mir nur die Kraft, vertue meine Zeit und belaste meine Gesundheit. Sobald ich auch nur eine Spur von Selbstmitleid bei mir entdecke, erfasse ich es und löse es auf, bevor es mich erfassen kann.

Sich selbst bedauern schwächt, man wird wertlos für die Gesellschaft und sich selbst eine Last, außerdem macht man sich unbeliebt mit seiner destruktiven Haltung. Das führt letztlich zur Depression, in der man sich selbst immerzu bedauert, sich erschöpft und letztlich auch seine Umgebung.

Ändern kann ich das alles durch rechtes Denken. Denken ist das Bewegen geistiger Energie. Ich gebe ihr eine Form und lasse sie so sichtbar werden. Alles, was ist, wurde erdacht, und dieses Gesetz wirkt im Kleinen wie im Großen.

Positiv zu denken ist der erste Schritt, um positiv zu werden. Der Duden erklärt »positiv« wie folgt: bejahend, vorteilhaft, günstig, ein Ergebnis bringend, gut, sicher, tatsächlich, wirksam. »To be positive about something« heißt, sich seiner Sache ganz sicher zu sein, und das ist positives Denken wirklich. Das Erkennen der Kraft seiner Gedanken und diese Kraft dann einzusetzen, um seine Ziele sicher zu erreichen, das ist wahre Macht. Positiv denken heißt, das richtige Denken zu erkennen und daran bewusst und beharrlich bis zum Erfolg festzuhalten.

Dazu gehört auch, NEIN sagen zu lernen – gegenüber einer Autorität, einer unerwünschten Rolle, in die man uns drängen möchte, oder auch gegenüber den eigenen Wünschen, wenn sie uns von unserem Ziel abbringen. NEIN zu sagen bedeutet in Wirklichkeit, JA zur eigenen Identität zu sagen. So wird das NEIN auf der einen Ebene zum JA auf der anderen.

Wenn wir erkannt haben, was wir eigentlich wollen, sollten wir auch den Mut haben, dafür ganz einzustehen. Den Mut, die Wahrheit zu erkennen und notfalls auch zu verlieren. Den Mut, uns zu binden und auch zu trennen. »Wer nicht wagt, der nicht gewinnt.« Doch zum Mut sollte auch noch die Ausdauer kommen. Erst wenn wir uns nicht mehr beirren lassen und beharrlich dem Ziel zustreben, dabei mit beiden Beinen auf dem Boden bleiben, wird unser positives Denken die entsprechenden Früchte tragen. Und wenn wir die entsprechenden Qualitäten noch nicht haben, können wir sie uns ebenfalls durch gezieltes Denken aneignen.

Sie erreichen, was Sie wollen, wenn Sie ohne Selbstmitleid positiv, mutig und beharrlich ans Werk gehen. Doch es genügt nicht, einmal Mut zu haben, denn kaum ist ein Problem gelöst, zeigt sich ein neues. Positiv sein heißt vor allem durchzuhalten. Echtes positives Denken kann durch nichts erschüttert werden. Nicht das Beginnen wird belohnt, sondern stets nur das Durchhalten, und jeder falsche Gedanke kann als Auslöser genutzt werden, um ganz bewusst die richtigen Gedanken ins Bewusstsein zu nehmen und sie dort zu behalten.

Liebe mutig, lebe mutig, sei mutig,
es gibt nichts zu verlieren.

Es gibt keine Fehler,
die man nicht korrigieren kann,
also sei nachsichtig mit dir selbst,
hab Spaß und trau dich was!

Es gibt keine Grenzen.

Jewel

Die Krise als Chance

Der Mensch braucht Ziele, die er durch eigenen Willen, aus eigener Kraft erreichen kann. Wer von der Gesellschaft erwartet, dass sie ihn ins Ziel trägt, lässt seine eigenen geistigen Kräfte verkümmern.

Die Geschichte lehrt es, Großes entsteht meist aus Schwierigkeiten. In Zeiten des Überflusses verkümmert das Kreative, das Schöpferische, ja sogar das Gute im Menschen und damit in der Gesellschaft. Den Menschen schadet es, wenn es ihnen längere Zeit gut geht.

Auch auf die Arbeit schimpft man nur so lange, bis man keine mehr hat. Selbst die Autoindustrie hat erst unter dem Druck der Ölländer einen großen Innovationsschub erlebt. Man bekommt eben auch seine Zukunftsperspektiven nicht geschenkt. In der Zukunft findet man nur vor, was man jetzt, in der Gegenwart, verursacht!

Somit ist die Krise keine dumpfe Notzeit, die es irgendwie zu überstehen gilt, sondern eine Herausforderung an alle kreativen Kräfte des Menschen. Erkennen wir die Krise als Chance.

Das Wort Krise setzt sich im Chinesischen
aus zwei Schriftzeichen zusammen –
das eine bedeutet Gefahr
und das andere Gelegenheit.

John F. Kennedy

Fit fürs Leben

Wer ein Leben lang fit bleiben will, kann gar nicht früh genug damit anfangen, etwas für sich zu tun. Aber viele wissen nicht, was sie für sich tun können. Dabei denkt der Mensch meist viel zu kompliziert, das Beste ist oft ganz einfach.

Würden die Übergewichtigen weniger essen, die Trinker weniger trinken, die Raucher aufhören zu rauchen und die Faulen sich ein bisschen mehr bewegen und alle richtig atmen, wir könnten mehr Leben retten und mehr Krankheiten beseitigen als all die teuren Verfahren der heutigen Medizin.

Beginnen wir mit dem Naheliegendsten, der Ernährung. Wir unterscheiden dabei drei Ebenen:

1) Die richtige physische Ernährung.
Nicht mehr das Falsche zur falschen Zeit im falschen Bewusstsein essen, denn das Gericht, das wir essen, wird uns zum GERICHT!

2) Die richtige psychische Ernährung.
Nicht mehr ärgern, aufregen, in Stress geraten, keine Angst und Schuldgefühle mehr haben, uns nicht mehr gegenseitig »kränken«, sondern heiter und gelassen durchs Leben geben.

3) Die richtige geistige Ernährung.

Worauf ich meine Aufmerksamkeit richte, zu dem werde ich. Also wirklich positiv denken, reden und handeln. Aber auch das Richtige lesen, anhören und anschauen. Kurz:

im wahren »Selbst-bewusst-Sein« leben!

Nun können Sie Ihr Leben sogar noch um 20 Jahre verlängern. Wie? Mit dem Wissen aus Ernährungswissenschaft und Überlieferungen der Indianer und anderer Naturvölker, der Lebenserwartungsstatistik und Hunalehre, der Makrobiotik, vegetarischen Lebensweise und Biodynamik, der Psychologie, Philosophie, Esoterik und Religion. Lassen Sie uns loslegen!

Im Außen

Mäßig, aber regelmäßig, bewusst und in Ruhe lebendige Vollwertkost essen und gründlich kauen.

Viel reifes Obst und Früchte, Rohkost (Salat und Gemüse). Wenig, besser gar kein Fleisch essen – niemals Schweinefleisch.

Trennkost beachten – Kohlehydrate und Eiweiß möglichst nicht gleichzeitig, Ergänzungsernährung durch Vitamine und Mineralstoffe.

Sich säurefrei (basisch) ernähren.

Gesundes Fasten: jede Woche einen Tag – jedes Jahr zweimal eine Woche.
Nicht nach 18 Uhr essen.
Genügend trinken, aber nicht während des Essens.
Wenig, möglichst keinen Alkohol, Kaffee, Tee, Orangensaft.

Nur »Gesegnetes« essen und Reines trinken.
Idealgewicht halten durch gesunde Ernährungsweise und Mental-training. Täglich für natürlichen Stuhlgang sorgen.

Für genügend Bewegung und eine aufrechte Haltung sorgen.

Bewusst richtig atmen – Gesundheit und Vitalität einatmen.

Einmal täglich schwitzen – viel frische Luft und Sonne.

Den Körper rein halten – nicht rauchen.

Täglich sieben bis acht Stunden schlafen – vor Mitternacht beginnen. Regelmäßig Mittagsschläfchen halten.

Möglichst in ländlicher Umgebung leben und sich natürlich kleiden.

Auf »geistigen Stoffwechsel« achten – bewusste Transformation.

Im Geist

Seine wahre Berufung als Beruf ausüben.

»Erfolg-reich« sein auf allen Ebenen des Seins.

Geistig beweglich und gelassen sein und bleiben.

Bereit sein, sich zu verändern, zu entwickeln und zu entfalten.

Ärgern verlernen – richtige Entspannung und Erholung erlernen.

Keinen Stress zulassen – sich auch geistig richtig ernähren.

Täglich Psychohygiene – loslassen, was nicht mehr zu mir gehört.

Schuldgefühle auflösen – Vergangenheit bereinigen.

Wirklich positiv denken und handeln – Humor bewahren – Optimist sein.

Alle Probleme als Aufgaben des Lebens erkennen, annehmen und gleich richtig lösen.

Den Augenblick erfüllen.

»Selbst-bewusst« sein – erkennen, dass mein wahres Selbst jung, gesund und unsterblich ist. Ich werde immer sein.

Aufgabe und Sinn seines Lebens erkennen und ein sinnerfülltes und glückliches Leben leben.

In der Seele

Angst erkennen und auflösen und durch Geborgenheit ersetzen.

Lebendig und spontan sein – gern und bewusst, mit Freude leben.

Lachen, sich freuen und glücklich sein.

JA sagen zu sich und dem Leben.

Das Leben und die Menschen lieben – wer liebt, lebt gesünder.

Dankbar sein und das Leben als Geschenk erkennen.

Sich regelmäßig mit Freude Zeit für Meditation und Gebet nehmen.

Das Denken, Fühlen, Reden und Handeln stets auf Gott ausrichten.

WER ALLE PUNKTE 100 JAHRE LANG BEACHTET, WIRD ALT, BLEIBT GESUND UND HAT EINE TRAUMFIGUR!

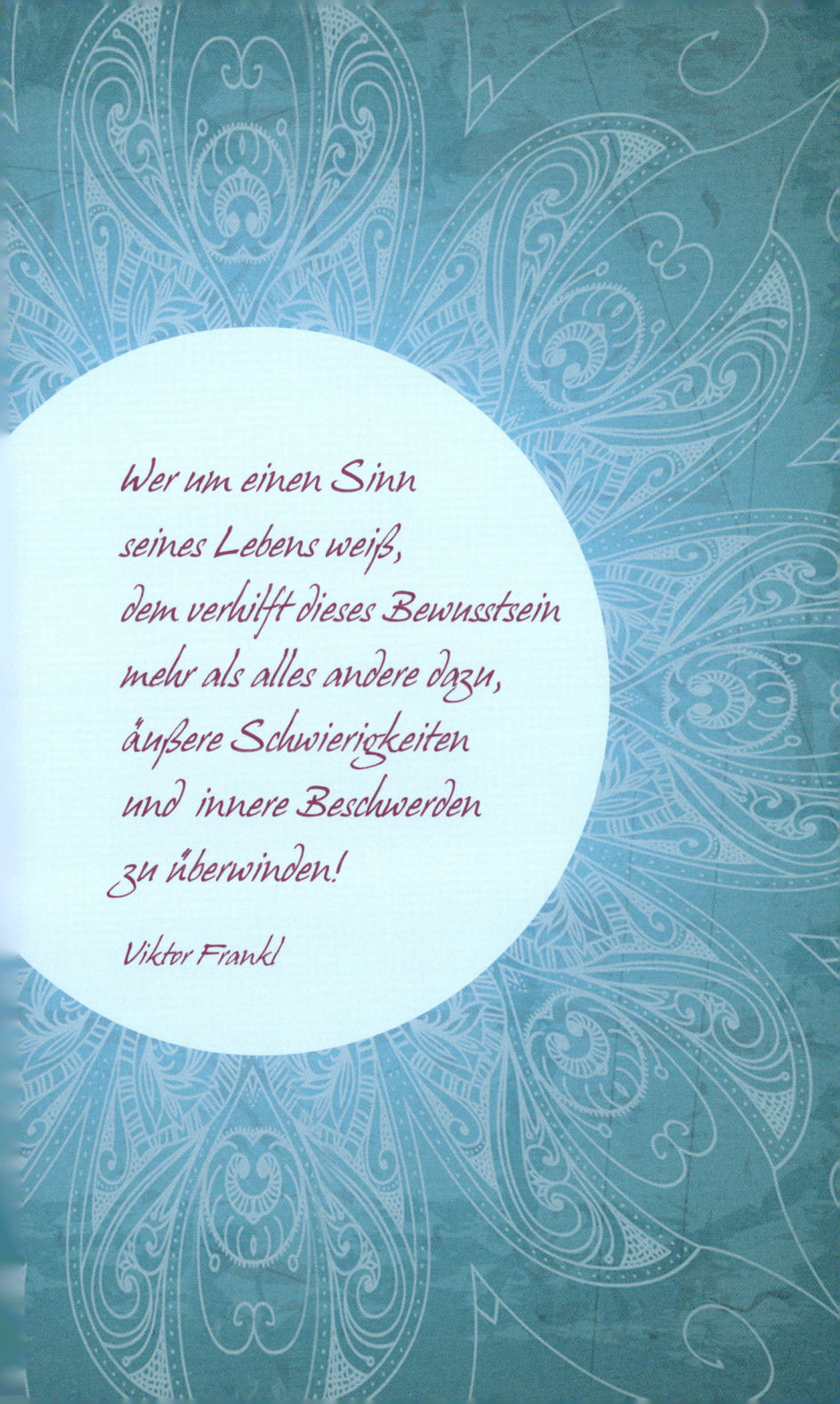

Wer um einen Sinn
seines Lebens weiß,
dem verhilft dieses Bewusstsein
mehr als alles andere dazu,
äußere Schwierigkeiten
und innere Beschwerden
zu überwinden!

Viktor Frankl

Essen als »Einweihungsweg«, als Weg zur Bewusstseinserweiterung

Die meisten Menschen haben eine negative Einstellung zum Essen. Sie befürchten bewusst oder unbewusst, dass das, was sie essen, sie dick oder krank macht oder zumindest ungesund ist, und doch essen sie weiter genau das. Das löst natürlich innere Konflikte aus, und weil sie das glauben, verursacht die Nahrung genau das, was sie befürchten: Übergewicht und Krankheit.

Viele Menschen sind beim Essen sehr unbewusst. Sie denken an dies und das, reden über alles Mögliche, sind mit ihrem Bewusstsein überall, nur nicht bei dem, was sie gerade tun. Dabei ist Essen ein geradezu wunderbarer Vorgang. Materie verschiedenster Art wird in Energie umgewandelt, die uns am Leben hält. Zu diesem Ritual gehörte früher auch, das Brot zu brechen. Das heißt, sein Brot mit jemandem zu teilen, als Symbol dafür, dass wir alles miteinander teilen können. Das Essen, unsere Zeit, unseren Glauben, das Schicksal, den Augenblick, den Weg und das Ziel, unser ganzes Leben können wir mit jemandem teilen.

Aber auch was wir beim Essen denken und fühlen, gehört zu dem wunderbaren Vorgang der Transformation, denn worauf ich mein Bewusstsein richte, das esse ich. Ich kann Harmonie essen oder Gesundheit, Licht oder Erkenntnis. Wenn ich glaube, dass mir etwas schadet, dann wird es mir schaden. Nicht weil es wirklich schädlich ist, sondern weil ich es glaube.

So sollten wir uns beim Essen bewusst machen, dass die Nahrung jetzt in Lebensenergie umgewandelt wird, die mich stärkt und mir einen gesunden Körper schafft. Wir sollten uns bewusst machen, dass unser Körper alles aufnimmt, was er braucht, und mühelos alles ausscheidet, was er nicht braucht, so dass uns das Essen gesund, stark und schön macht. Vor jeder Mahlzeit sollten wir alles segnen und fortan nur noch »Gesegnetes« essen und trinken. Und wir sollten nicht vergessen zu danken, dem Bauern, der Köchin und Gott.

Seien wir uns beim Essen also von nun an bewusst, dass wir dabei ein Wunder erleben, indem wir Materie in Energie einer höheren Schwingung umwandeln und so allmählich die Materie transformieren.

Man soll dem Leib
etwas Gutes bieten,
damit die Seele
Lust hat, darin zu
wohnen.

Winston Churchill

Das Wunder des Atems

Das morgendliche Atemritual

1) Der reinigende Atem

Ich reinige den Tempel Gottes – Körper, Zähne, Atem, Magen, Seele, Geist.

2) Der schmelzende Atem

Mit jedem Atemzug löse ich im Körper auf, was nicht mehr zu mir gehört – Gewicht, Vergangenheit, Sorgen, Ablagerungen.

3) Der harmonische Atem

In den gereinigten und erleuchteten Körper atme ich Gesundheit, Kraft, Freude, Leichtigkeit.

4) Der erfüllende Atem

In den so gereinigten Tempel lade ich Gott ein. Mit jedem Atemzug erfüllen mich der Geist und die Liebe Gottes und durchlichten mein ganzes Sein.

5) Der anziehende Atem

In den gereinigten und mit Gottes Geist und Liebe erfüllten Tempel ziehe ich nach dem Gesetz der Resonanz die richtigen Menschen, Freunde, Zufälle, Möglichkeiten, Ereignisse und Umstände für ein erfülltes Leben.

So du zerstreut bist,
lerne, auf den Atem zu achten.

Gautama Buddha

Wirklich geschehen lassen …

Es gibt Augenblicke im Leben, in denen man vollkommen glücklich ist – eins mit sich und der Welt und in Harmonie mit dem Leben. Diese Augenblicke sind so schön, dass man am liebsten die Zeit anhalten möchte, um in diesem Glück zu bleiben, und doch können wir diesen kostbaren Augenblick nicht halten. Ehe wir uns versehen, ist er vorbei, und was uns bleibt, ist die Erinnerung.

Wenn wir uns genau erinnern, erkennen wir, dass jeder dieser Augenblicke einen anderen Aspekt hatte. Einmal war es die Stille, ein anderes Mal absolute Harmonie oder gar allumfassende Liebe. Gemeinsam haben diese glücklichen Augenblicke nur, dass wir von einer bestimmten Energie GANZ erfüllt waren. Wir waren eins mit dieser Energie, und dieses »Eins-sein«, »Heil-sein«, war es, was uns so glücklich machte.

Ich habe in der Meditation einen Weg gefunden, jederzeit in dieses Einssein zurückkehren zu können. Es ist ein Weg, der so einfach ist, dass ich es kaum wage, ihn WEG zu nennen, und doch kann ihn jeder jederzeit gehen und erreicht das Ziel –
und die Zeit steht still.

Es wurde mir bewusst, dass uns alle Energien, die wir zum vollkommenen Ausdruck unseres Lebens brauchen, jetzt und hier zur freien Verfügung stehen. Gesundheit, Freiheit, Kraft, Bewusstsein,

Gelassenheit, Liebe, Schlankheit, Erkenntnis, Führung, Fülle, Geduld, Toleranz, Harmonie der Seele, Reinheit des Seins, Psychohygiene, Klarheit des Denkens usw. So lasse ich das, was ich jetzt brauche, jetzt geschehen. Ich öffne mich für die benötigte oder erwünschte Energie und lasse sie geschehen. Ich spüre deutlich, wie es sofort in mir wirkt, und richte und halte mein Bewusstsein so lange darauf, bis es geschehen ist und die Wirkung zur Ruhe kommt (drei bis dreißig Minuten). Ich kann sofort danach eine andere Energie geschehen lassen und auch beliebig oft dieselbe geschehen lassen. Immer beginnt es sofort zu wirken. Es ist wie ein langsames Fließen, bis der Körper und das ganze Sein davon erfüllt sind.

Es ist sein Wille, dass ich die Fülle habe – JETZT UND HIER. Ich brauche es nur geschehen zu lassen.

Und so geschieht es:

* Ich mache mir bewusst, wer ich wirklich bin; dass ich ein individualisierter Teil des einen Bewusstseins bin, das die Kraft in Tätigkeit setzt, und dass es SEINE Kraft ist, die wirkt. Und ich richte mein Bewusstsein darauf, wohin die Kraft wirken soll, aber nicht, wie sie wirken soll.

* Ich nehme in meinem Inneren den Lotossitz oder eine andere meditative Haltung ein, auch wenn ich sie im Außen nicht beherrsche, eine Haltung innerer Gelassenheit.

* Ich lasse es geschehen und spüre, wie es sofort zu wirken beginnt. Ich wiederhole ab und zu, was geschieht, um es klar im Bewusstsein zu halten, und warte, bis die Wirkung von selbst endet, bis innen alles wieder ruhig und still ist. Ich mache mir diese Stille noch einen Augenblick bewusst und lasse dann die Sache los, bleibe aber in der Wirkung, die ich jederzeit durch Wiederholen verstärken kann.

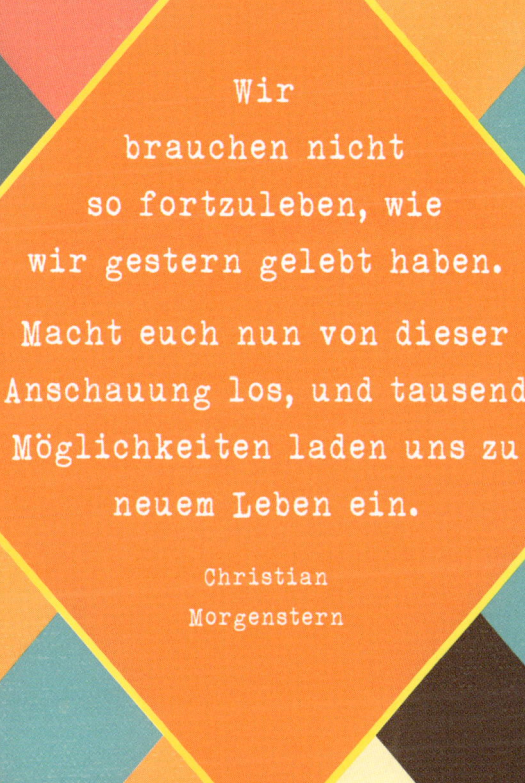

Wir
brauchen nicht
so fortzuleben, wie
wir gestern gelebt haben.

Macht euch nun von dieser
Anschauung los, und tausend
Möglichkeiten laden uns zu
neuem Leben ein.

Christian
Morgenstern

Von der Natur lernen

HERR, lass mich sein wie die Erde

Von Anbeginn der Zeit ist alles gestorben und zu Erde geworden, und doch ist die Erde die Mutter allen Lebens.

Die Erde fragt nicht, ob der Sämann gerecht oder ungerecht ist. Sie nimmt an, gibt Kraft, lässt gedeihen und wachsen.

Lass mich sein, wie die Erde ist – lass mich wie die Erde annehmen, wenn man mir gibt, und tausendfach zurückgeben, was ich bekommen habe.

Die Erde ist verwandelbar. Sie ändert sich Stunde um Stunde, Tag um Tag, und doch bleibt sie stets gleich.

Die Einsamkeit der Wüste und der Berge schafft Abstand zu den lärmenden und glitzernden Dingen unserer Welt und gibt Klarheit und Ruhe.

HERR, lass mich sein wie die Erde ist, klar und ruhig. Lass mich wandelbar sein wie die Erde.

Lass mich sein!

HERR, lass mich sein wie die Luft

Lass mich so wie die Luft eine tragende Kraft sein – die Kraft, die die Mücke so sicher trägt wie den Adler.

Ohne Mühe erreicht sie den höchsten Berggipfel, bewegt die Zweige einer Linde als Abendwind oder verwandelt als Sturm die Erde.

Und immer bleibt sie unsichtbar und vollbringt doch stets ihr Werk.

Die Luft gibt ohne Preis und versagt nie, ist niemals erschöpft und füllt jede Leere aus.

Luft ist der Atem des Lebens, denn ohne sie ist kein Leben möglich.

HERR, lass mich sein wie die Luft, die Luft, die durch nichts begrenzt ist.

Lass mich überall sein, wo ich gebraucht werde, und mein Werk tun, ohne auf Dank zu achten.

HERR, lass mich sein wie das Wasser

Wasser ist völlig widerstandslos und überwindet doch den stärksten Widerstand.

Wie immer die Gestalt eines Gefäßes auch sein mag, das Wasser passt sich dieser Form an. Und doch formt nichts anderes so intensiv wie das Wasser. Denn es war das Wasser, das den Kontinenten die Form gab.

Wasser arbeitet, aber es strengt sich niemals an. Es kann eine Mühle antreiben oder eine Stadt erleuchten, aber es wird niemals müde.

Wasser ist geschmacklos, aber ohne Wasser würde nichts schmecken.

Wasser lehrt uns Demut, denn es sammelt sich stets am niedrigsten Punkt, und doch beugt sich selbst der Mächtigste zu ihm herab, um zu trinken.

HERR, lass mich sein wie das Wasser. So formbar und so formend – und so demütig.

HERR, lass mich sein wie das Feuer

Feuer verwandelt alles, was es berührt.

Lass mich wie das läuternde Feuer alles Unreine in mir verbrennen, damit das Reine hervorscheinen kann.

Das Licht meines Denkens soll leuchten wie Feuer, die Liebe meines Herzens strahlen wie Feuer.

Lass in mir das ewige Feuer der Liebe brennen, lass alles, was ich berühre, in Liebe brennen.

Lass mich mein Herz und die Herzen der anderen entzünden mit dem Feuer der Liebe.

Lass dieses Feuer immer weiter um sich greifen und die Welt entzünden, bis das Feuer der Liebe die Welt erleuchtet.

HERR, lass mich sein wie das Feuer.

Lass in mir ewig den Wunsch brennen, zu Dir zu finden.

Lass mich leuchten im Feuer der Liebe, das alles entzündet und alles verwandelt, in Liebe!

DER GANZE LEBENSLAUF
        EINES MENSCHEN IST VERWANDLUNG.

JOHANN GOTTFRIED VON HERDER

Das Hohe Lied der Liebe

Auszug aus einem Seminar von Dr. Dina Rees

Pflicht ohne Liebe macht verdrießlich.
Verantwortung ohne Liebe macht rücksichtslos.
Gerechtigkeit ohne Liebe macht hart.
Wahrheit ohne Liebe macht kritisch.

Erziehung ohne Liebe macht widerspruchsvoll.
Klugheit ohne Liebe macht gerissen.
Freundlichkeit ohne Liebe macht heuchlerisch.
Sachkenntnis ohne Liebe macht rechthaberisch.

Macht ohne Liebe macht gewalttätig.
Ehre ohne Liebe macht hochmütig.
Besitz ohne Liebe macht geizig.
Glaube ohne Liebe macht fanatisch.

Mit Liebe erfüllte Pflicht macht glücklich.
Mit Liebe getragene Verantwortung macht rücksichtsvoll.
Mit Liebe geübte Gerechtigkeit macht sanftmütig.
Mit Liebe vertretene Wahrheit macht wohlwollend.

Mit Liebe durchgeführte Erziehung macht harmonisch.
Mit Liebe angewandte Klugheit macht arglos.
Mit Liebe geäußerte Freundlichkeit macht wahrhaftig.
Mit Liebe angewandte Sachkenntnis macht nachgiebig.
Mit Liebe ausgeübte Macht macht gewaltlos.
Mit Liebe getragene Ehre macht demütig.
Mit Liebe verwalteter Besitz macht freigiebig.
Mit Liebe gelebter Glaube macht tolerant.

Wohl denen, die alles mit Liebe tun.

Das ist schwer:
ein Leben zu zwein.

Nur eins ist noch schwerer:
einsam sein!

Kurt Tucholsky

Schritte auf dem Weg zur wahren Liebe

Der erste Schritt auf dem Weg zur wahren Liebe besteht darin, mich dem anderen bedingungslos zuzuwenden und aus dieser Zuwendung so viel Befriedigung und Glück zu erleben, dass ich nicht mehr danach frage, was ich bekomme. Bekomme ich etwas, ist es ein zusätzliches Geschenk.

Wenn ich einen Baum anschaue, dann gibt er mir auch nichts dafür, dass ich ihn betrachte und bewundere, und doch erlebe ich seine Schönheit als seelisches Wohlbefinden, als Kraft und Ruhe, als Lebensfreude. Ich will auch nichts von ihm, freue mich einfach daran, dass es ihn gibt, will ihn auch nicht anders haben, sondern liebe ihn so, wie er ist.

Will ich in der Liebe glücklich werden, muss ich zwei Dinge auflösen: die Angst, nicht genug geliebt zu werden, und das Verlangen, den anderen besitzen zu wollen. Denn wer Angst hat und besitzen will, wird letztlich alles verlieren.

Soll meine Liebe Bestand haben, braucht sie drei Voraussetzungen:
* Bewunderung,
* eine gemeinsame Aufgabe, die uns »begeistert«,
* Verständnis, auch ohne zu verstehen.

Will ich aber der wahren Liebe begegnen, muss ich zuerst meine Liebe zu Gott entdecken, dann Gott im Menschen erkennen, und zwar in allen Menschen, und Gott in jedem Menschen lieben. Denn die wahre Liebe ist grenzenlos, und ich kann nicht den einen lieben und den anderen ausschließen von meiner Liebe. Daher ist die Liebe zu einem Partner oder zu einem Land usw. noch unvollkommen.

Die wahre Liebe ist also nicht meine Beziehung zu einem Gegenüber, sondern Liebe existiert ohne Gegenüber. Liebe ist einfach da, durchdringt und erfüllt mich. Erst aus dieser tiefen inneren Durchdringung und dem Erkennen des Göttlichen in allem entsteht die »All-Liebe«, die nichts mehr ausschließt und nichts mehr bevorzugt. Diese wahre Liebe ist das Einschwingen in das göttliche Einssein mit dem Einen in allem. Ein Mensch, der so liebt, liebt nicht irgendjemanden oder irgendetwas, er ist ein Liebender geworden.

WER LIEBT,

HERRSCHT OHNE GEWALT

UND DIENT,

OHNE SKLAVE ZU SEIN.

ZENTA MAURINA

Sei du selbst

Die meisten Menschen sind damit beschäftigt, das zu tun, was ihnen von anderen geraten wird, von den Eltern, dem Chef, dem Partner. Oder sie tun das Gegenteil. Beides ist nicht sehr intelligent.

Wer jemand anderem folgt, zeigt damit nur mangelnde Intelligenz. Also tun Sie nicht, was die Meister, Lehrer, Freunde sagen, es sei denn, Ihr wahres Selbst sagt dazu JA! Hören Sie nur noch auf sich selbst, denn alles Wissen und alle Weisheit ist in Ihnen – der andere kann Sie nur daran erinnern.

Das wahre Selbst greift aber nur ein, wenn Sie es darum bitten. Wenn Sie es einladen, Sie zu führen, und wenn Sie ihm folgen. Sie brauchen sich selbst nur eine Frage zu stellen, und die erste Antwort, die kommt, ist von Ihrem Selbst, die zweite kommt schon aus dem Verstand, genauso wie die dritte und vierte usw. Aber Sie können immer wieder neu fragen, und immer wird die erste Antwort von Ihrem wahren Selbst kommen (gleich ausprobieren!).

Wie viel Zeit/Geld/Aufmerksamkeit investieren Sie, um Sie selbst zu werden? Und wie viel in Dinge, die Sie ohnehin hier zurücklassen? Welche Konsequenz ergibt sich daraus?

Wir möchten gern, dass die Dinge besser werden, aber die Umstände entsprechen immer unserem Bewusstsein, können sich also nur ändern, wenn wir unser Bewusstsein ändern – die »inneren Bilder«. Doch selbst wenn es uns derzeit gut geht, ist das nur ein Bruchteil dessen, was sein könnte und sollte, wenn wir wir selbst wären.

Übrigens: Wenn mich ein anderer an mich selbst erinnert, dann sollte ich ihn weder auf ein Podest stellen noch verurteilen, denn beides sind beliebte Egospiele. In beiden Fällen brauche ich mich nicht zu ändern. Besser ist es, sich nicht um den Botschafter zu kümmern, sondern um die Wahrheit der Botschaft, und zu tun, was zu tun ist.

Sei du selbst!

Alle anderen
sind bereits vergeben.

Oscar Wilde

Der kosmische Ton

Wenn ich in der Meditation »nach innen lausche«, höre ich ganz deutlich einen inneren Ton, sehr hoch, wie das Singen von Telefondrähten im Wind.

Es ist eine sehr hilfreiche Konzentrationsübung, in der Meditation ganz mit diesem »kosmischen Ton« in mir zu verschmelzen. Gelingt es mir, mit dem Strom des kosmischen Tons eins zu werden, erkenne ich nicht nur, dass seine alles durchdringende Kraft das ganze Universum ausfüllt, dass es sich um den ständigen »Urlaut der Schöpfung« handelt, mein Sein trinkt dabei auch von dem »Wasser des Lebens«. Reine Lebenskraft durchdringt und erfüllt mein ganzes Sein.

Ich kann die Kraft des Tonstromes darauf lenken, mein ganzes Sein »heil« werden zu lassen. Ich kann aber auch einen Wunsch, eine Absicht in den Strom geben, der sie in kürzester Zeit verwirklicht. Ich kann so für mich, für einen anderen Menschen oder für die Schöpfung wirken. Auf diese Weise bin ich in direktem Kontakt mit der schöpferischen Urkraft.

Ich kann mich dabei durchaus wert fühlen, das Geschenk des Lebens anzunehmen, meine Bedürfnisse unmittelbar zu stillen, das Gute des Lebens anzunehmen. Ich kann aber auch einfach nur wunschlos und absichtslos eins werden mit dem Leben und in dieser Einheit ruhen.

Das Gefühl der Einheit
ist das Gefühl,
das ihr Liebe nennt.

Neale Donald Walsch

Urteile nie

Ein alter Mann lebte in einem Dorf. Er war sehr arm, aber viele waren neidisch auf ihn, denn er besaß ein wunderschönes weißes Pferd. Könige boten phantastische Summen für das Pferd, aber er verkaufte es nicht.

Eines Morgens fand er sein Pferd nicht im Stall. Das ganze Dorf versammelte sich und die Leute sagten: »Du dummer alter Mann! Wir haben immer gewusst, dass das Pferd eines Tages gestohlen wird. Es wäre besser gewesen, es zu verkaufen. Welch ein Unglück! Der alte Mann sagte: »Geht nicht so weit, das zu sagen. Alles, was ist, ist: Das Pferd ist nicht im Stall. So viel ist Tatsache. Alles andere ist Urteil. Ob es ein Unglück ist oder ein Segen weiß ich nicht, weil ich nicht weiß, was folgen wird.«

Die Leute lachten den Alten aus. Sie hatten schon immer gewusst, dass er ein bisschen verrückt war. Aber: Nach fünfzehn Tagen kehrte das Pferd zurück. Es war nicht gestohlen worden, sondern in die Wildnis ausgebrochen. Und nicht nur das, es brachte auch noch zwölf wilde Pferde mit. Wieder versammelten sich die Leute und sagten: »Alter Mann, du hattest recht, es hat sich tatsächlich als Segen erwiesen.« Der Alte entgegnete: »Wieder geht ihr zu weit. Alles, was ist, ist: Das Pferd ist zurück. Ihr lest nur ein einziges Wort in einem Satz – wie könnt ihr das ganze Buch beurteilen?«

Der alte Mann hatte einen einzigen Sohn, der begann, die Wildpferde zu trainieren. Schon eine Woche später fiel er vom Pferd und brach sich die Beine. Wieder versammelten sich die Leute und wieder urteilten sie:»Du hattest recht, es war ein Unglück. Dein einziger Sohn kann nun die Beine nicht mehr gebrauchen und er war die Stütze deines Alters. Jetzt bist du ärmer als je zuvor.« Der Alte antwortete:»Ihr seid besessen vom Urteilen. Alles, was ist, ist: Mein Sohn hat sich die Beine gebrochen. Niemand weiß, ob dies ein Unglück ist oder ein Segen. Das Leben kommt in Augenblicken, und mehr bekommt ihr nie zu sehen.«

Es ergab sich, dass das Land einen Krieg begann. Alle jungen Männer des Ortes wurden zwangsweise zum Frontdienst eingezogen. Nur der Sohn des alten Mannes blieb zurück, weil er gebrochene Beine hatte. Der ganze Ort war vom Wehgeschrei erfüllt, weil dieser Krieg nicht zu gewinnen war und man wusste, dass die meisten jungen Männer nicht nach Hause zurückkehren würden. Die Leute kamen zum alten Mann und sagten:»Du hattest recht, es hat sich als Segen erwiesen.« Der alte Mann antwortete:»Ihr hört nicht auf zu urteilen. Alles, was ist, ist: Man hat eure Söhne in die Armee eingezogen und mein Sohn wurde nicht eingezogen. Nur das Ganze weiß, ob dies ein Segen oder ein Unglück ist.«

Urteile nie!

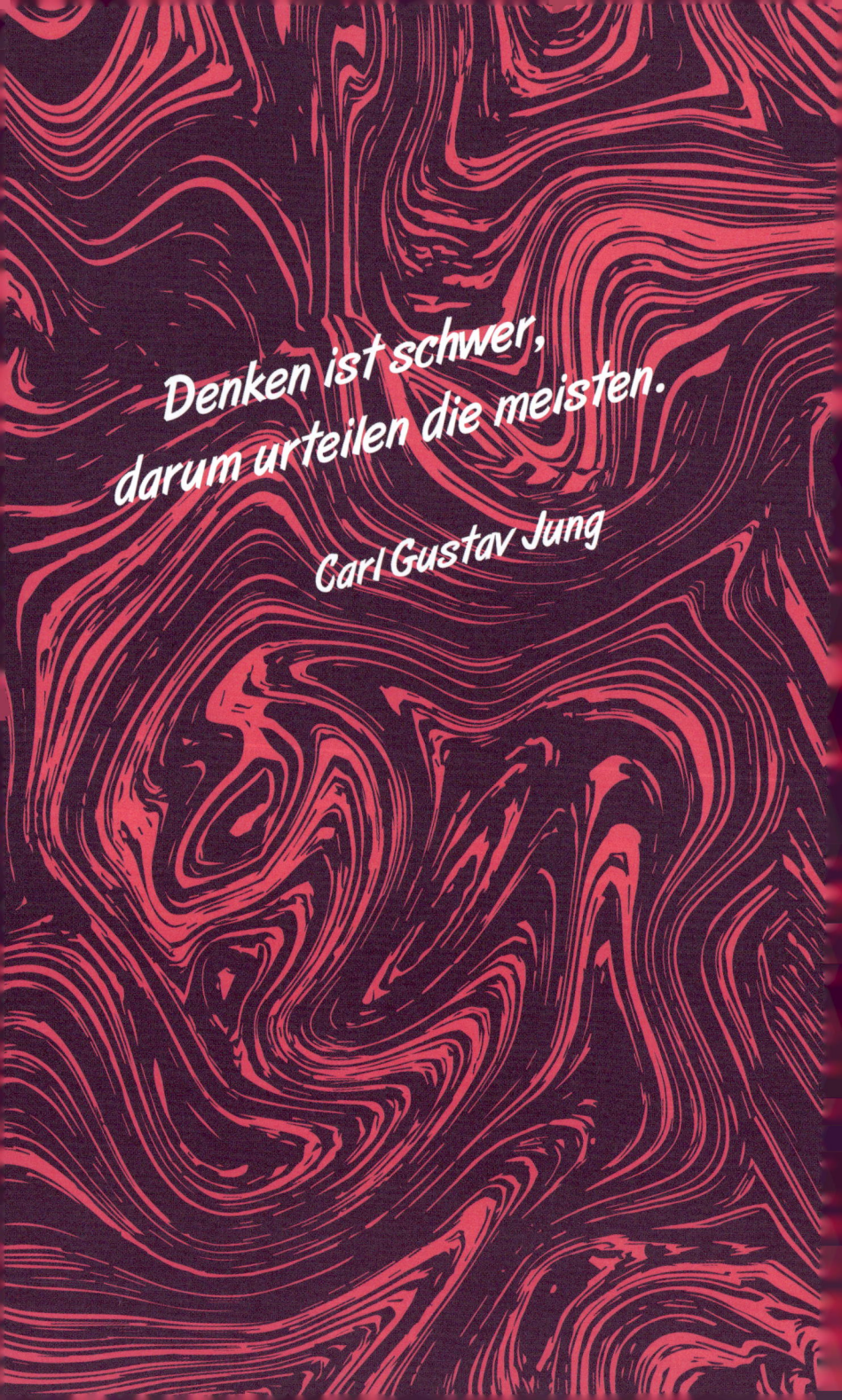

Die Chance des Alters – eine Checkliste

Nur wenige werden erwachsen – die meisten werden nur alt!

Erkennen Sie, dass es nur der Körper ist, der alt wird. Innen bleiben Sie zwanzig, denn das wahre Selbst altert nicht.

Die Aufgabe des Alters ist es loszulassen: Ärger, Angst, Enttäuschung, Kränkung, Bindung, Vergangenheit, Eigenwille, Erwartungen usw. Auch Dinge, die ich jetzt nicht mehr tun kann. Sport, Sex ...

Krankheit muss auch im Alter nicht sein. Alterskrankheiten sind nur die ungelernten Lektionen im Laufe des Lebens: nicht mehr gut sehen, hören, Vergesslichkeit, Verkalkung, Unbeweglichkeit, Verhärtung, Hüftprobleme, Bauch, Hilflosigkeit, Schwäche.

Früher wurde man alt im Kreise seiner Familie. Heute ist da oft die Angst, abgeschoben zu werden.
Um diese Angst aufzulösen hilft Ihnen die Erkenntnis: Mir kann nur das widerfahren, was für meine Entwicklung notwendig ist, und was zu mir gehört, kann ich nicht verlieren.

Einsamkeit zum All-eins-sein transformieren.

Mancher wäre am liebsten tot. Aber ich kann erst gehen, wenn meine Aufgabe erfüllt ist. Was also ist noch zu tun? Was erwartet das Leben noch von mir? Bin ich wirklich vorbereitet? Testament gemacht?

Auch Selbstmord ist keine Lösung, denn ich kann nicht vor meinen Aufgaben davonlaufen. Wohin auch?

Andere haben Angst vor dem Tod. Die Aufgabe dabei ist, eine Antwort zu finden auf die Frage: Was kommt danach? Geht es weiter? Das Sterben ist der letzte Teil meines selbstverursachten Schicksals, der Tod ist die »Krönung des Lebens«.

Lernen frei zu werden von: Verpflichtungen, der Meinung anderer, Besitz, Angst, Erfolg, materiellen Zielen, körperlichen Wünschen. Frei sein vom Außen für das Innen, für sich selbst und das, was ich schon immer tun wollte.

Sein Inneres aktiv erleben.

Seine Eigenschaften zum Charakter formen.

Das Wissen zur Weisheit werden lassen.

Seine Lektionen annehmen, wie: Alter, Gebrechlichkeit, Hässlichkeit, Krankheit; Schönheit von innen erwerben.

Innere Jugendlichkeit und Lebendigkeit, frei vom Alter.

Vergangenheit aufarbeiten. Den Sinn der Geschehnisse erkennen und daraus lernen, den Geist beweglich und das Herz jung erhalten.

Klären, was jetzt noch zu tun ist zum erfüllten Leben.

Sich freuen an dem, was erreicht wurde.

Bereinigen – verzeihen – loslassen.

Über sich hinauswachsen.

Den Körper mehr und mehr durchgeistigen.

Sich seinen Jugendtraum erfüllen – mit siebzig promovieren.

Das eigene Leben zur Kunst erheben.

Vorbild sein für Kinder, Enkel ...

Anderen »Alten« helfen, das Alter als Chance zu erkennen und zu nutzen, um sein Bewusstsein zu erheben.

Wie man alt wird

Ein Reporter interviewte drei sehr alte Männer und befragte sie nach dem Geheimnis ihres Altwerdens.

Der erste Mann sagte: »Ich habe stets hart gearbeitet und jeden Tag in Ruhe ein Pfeifchen geraucht.«

»Und wie alt sind Sie?«, fragte der Reporter.

»Ich bin 98!«

Der zweite sagte: »Ich habe immer mäßig gegessen und regelmäßig Sport getrieben, bis heute.«

»Und wie alt sind Sie?«, fragte der Reporter.

»Ich bin 99!«

Der dritte sagte: »Ich bin Kettenraucher und habe noch nie Sport getrieben – ich hasse Bewegung und alle Gesundheitsregeln.«

»Und wie alt sind Sie?«, fragte der Reporter.

»Ich bin 46!«

SOLANGE MAN NEUGIERIG IST,
KANN EINEM DAS ALTER
NICHTS ANHABEN.

BURT LANCASTER

Der »Tod des Narren« oder die »Geburt der Weisheit«

Das Leben ist wie ein Film, und die meisten Menschen spielen mit, ohne zu bemerken, dass alles nur ein Film ist. Manche erkennen zwar den »Lebensfilm«, aber fühlen sich davon getrennt, obwohl sie darin handeln. Nur ganze wenige stehen hinter dem Projektor und spielen den Film ab.

Wirklich leben aber tut nur der, der hinter der Kamera steht und bewusst den Lebensfilm dreht, nach einem Drehbuch, das er selbst geschrieben hat. Er weiß auch, wem das Kino gehört und wer die Zuschauer in Wirklichkeit sind, die sich den Film ansehen, den auch er anschaut.

Der Kinobesitzer in diesem Beispiel ist Gott, die einzige Realität, und wir alle sind ein Teil dieser Realität, ein Teil dieses einen Bewusstseins, das wir Gott nennen. Alles andere ist Maya – Schein, ein »Abbild« dieser einen Wirklichkeit. Und der Titel des Films heißt:
»Das Spiel des Lebens«.

In diesem Film sind wir Drehbuchautor, Regisseur, Hauptdarsteller, Zuschauer, ja sogar Mitbesitzer des Kinos, in dem der Film läuft. Worauf es ankommt, ist, dass wir uns dessen bewusst sind. Das Ganze findet uns zur Freude statt. Wenn mir der Film keinen Spaß macht, sollte ich das Drehbuch ändern, eine andere Rolle spielen, mir dieser Rolle bewusst werden –
und das »Spiel des Lebens« genießen!

Wann ist das Leben?

Das Leben ist wirklich jetzt, in diesem Augenblick, nicht ab und zu, manchmal, gelegentlich, auch nicht morgen oder wenn Sie Ihre Rente bekommen, Ihre Kinder groß sind, Sie das Haus abbezahlt haben.

Erwarten Sie nichts von morgen. Morgen ist vielleicht nie, erwarten Sie alles hier und jetzt, denn Sie leben nur in diesem Augenblick.

Die Zeit vergeht und kommt nie mehr wieder. Die Chance, die Ihnen das Leben bietet, geht vorüber, wenn Sie sie nicht nutzen. Dieser Augenblick ist in der ganzen Ewigkeit einmalig, wird sich nie mehr wiederholen, ist nur jetzt und kommt nie wieder.

Bald schon wird heute morgen sein und gestern heißen. Wird vergangen sein, eine Vergangenheit, die Sie vielleicht gar nicht gemeint haben. Doch in diesem Augenblick können Sie alles noch ändern: Nur in diesem Augenblick!

Nie wieder wird es JETZT sein.

Ich lebe in dieser Welt. So will ich das Gute, das ich tun kann, gleich JETZT tun, will nichts aufschieben und nichts versäumen, denn ich werde diesen Weg NICHT NOCH EINMAL GEHEN KÖNNEN!

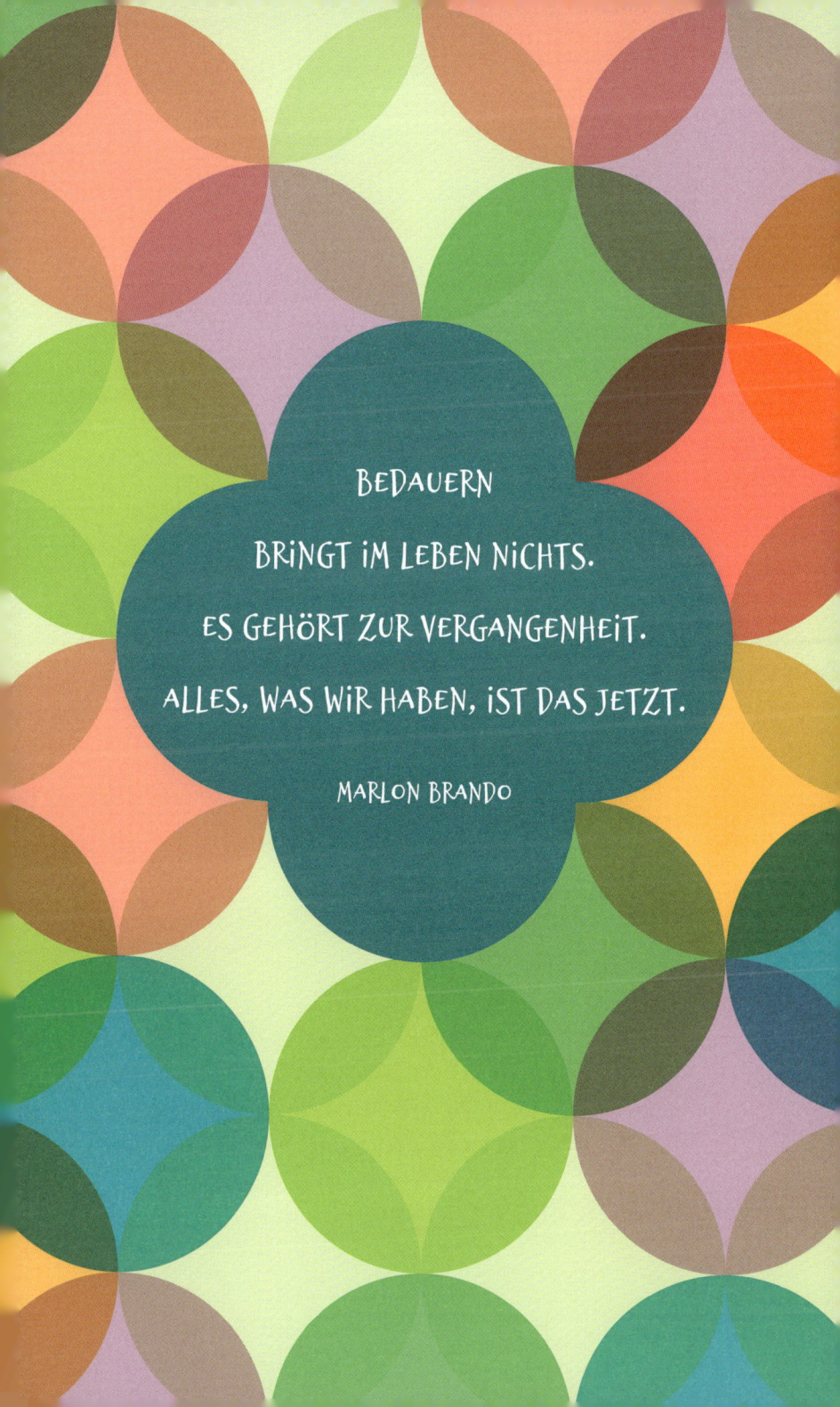

BEDAUERN

BRINGT IM LEBEN NICHTS.

ES GEHÖRT ZUR VERGANGENHEIT.

ALLES, WAS WIR HABEN, IST DAS JETZT.

MARLON BRANDO

Der Weg von der Vielfalt zur Einheit

1. Die Ein-Sicht

Sobald wir uns von dem äußeren Schein weg und der inneren Wirklichkeit zuwenden, erkennen wir die Wirklichkeit (das, was wirkt) immer klarer, wir bekommen Einsicht. Das wahre Leben beginnt.

2. Ein-Klang

Durch diese Einsicht werden wir bereit, unseren Willen mehr und mehr loszulassen und in Einklang zu bringen mit dem Schöpfungswillen. Wir erkennen dies als direkten Weg und die Eigenwilligkeit als Umweg.

3. Über-Ein-Stimmung

Dadurch stimmen wir überein mit der »Symphonie der Schöpfung«. Jeder Misston ist beseitigt, und wir übernehmen immer vollkommener unseren Teil der Aufgabe, tragen bei zur Vollkommenheit der Schöpfung. Schöpfung geschieht durch uns. Wir erleben bewusst, was Gott durch uns will. Gott wirkt durch mich als Ich.

4. Ein-Führung

Sobald wir so zum Kanal geworden sind, setzt die innere Führung ein durch die Intuition. Es ist die höchste Form des Bewusstseins. Die Intuition führt uns ein in das innerste Wesen allen Seins.

5. Ein-Weihung

Nun weihen wir uns ganz dem Einen, als Folge der Erleuchtung aus dem Dunkel der Unwissenheit in das Licht der Weisheit. Es ist die geistige Wiedergeburt. Das Ziel der Evolution.

6. Ein-Falt

Die Vielfalt der vergänglichen Erscheinungsformen vereinigt sich zur Einheit des wahren Seins. Die gefalteten Hände sind das äußere Symbol hierfür. Die Vielfalt der vergänglichen Erscheinungsformen, als Symbol die zehn Finger, finden sich in der Qualität, den beiden Händen, und vereinigen sich in den gefalteten Händen zur Einfalt – dem Einssein.

7. Ver-Ein-(Ich)-ung

Der Schein des Getrenntseins ist aufgehoben. Der Tropfen fließt zurück in den Ozean. Die Individualität hört auf zu sein, das eine und das andere wird eins in allem. Der individualisierte Teil des einen Bewusstseins ist zurückgekehrt in das göttliche Ganze. Der Vater und ich sind eins!

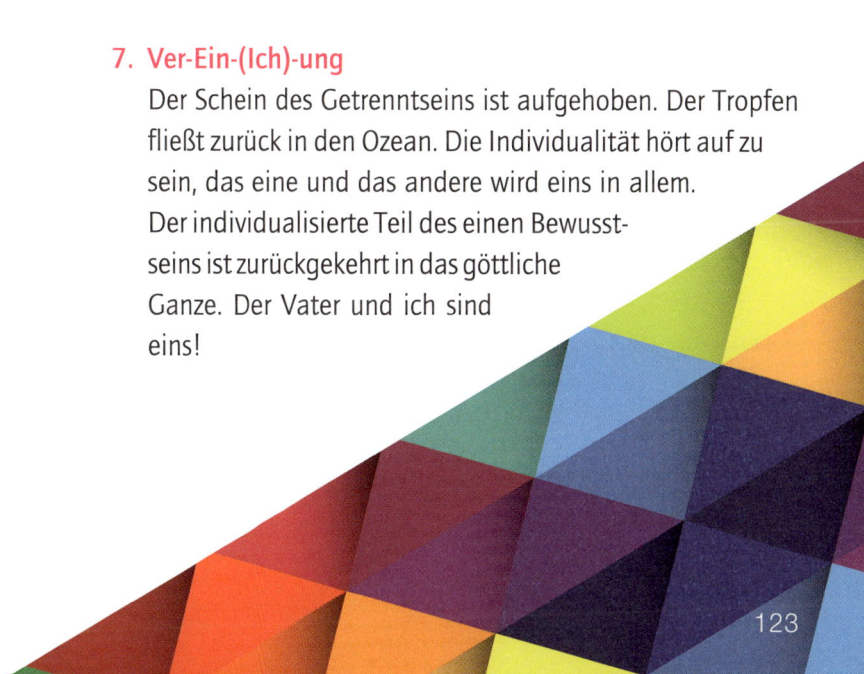

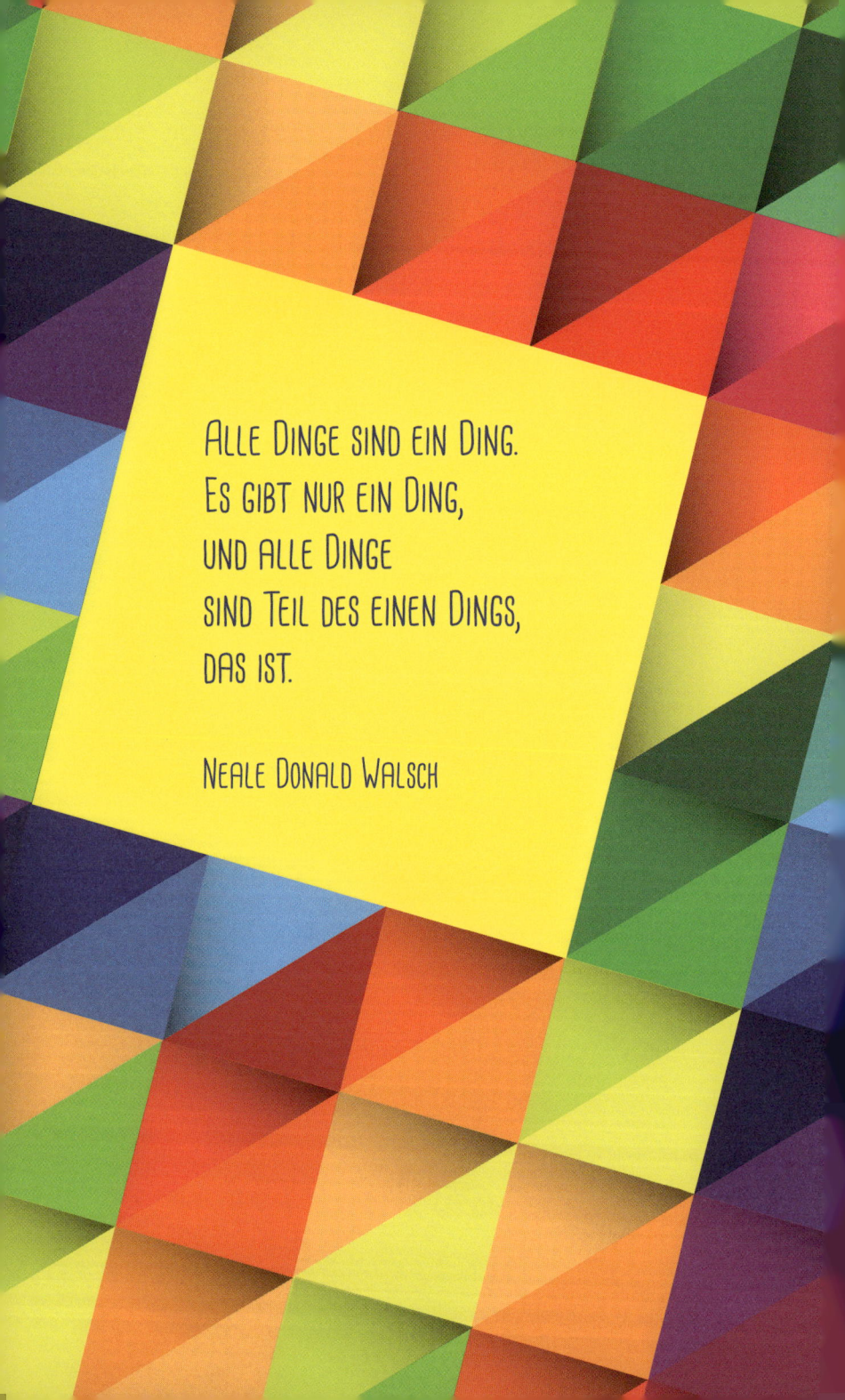

Alle Dinge sind ein Ding.
Es gibt nur ein Ding,
und alle Dinge
sind Teil des einen Dings,
das ist.

Neale Donald Walsch

Einweihung

»Ein-weihung«, das heißt, sich ganz dem Einen zu weihen. Dies ist der wesentlichste Schritt zur vollkommenen Transformation des Menschen. Mit diesem Schritt geht ein »neuer Mensch« in ein »neues Leben«. Der alte Mensch ist gestorben und das neue Bewusstsein schafft völlig neue Lebensumstände nach dem Gesetz: wie innen, so außen. Jesus sagte: »Wer SEIN Leben verliert um meinetwillen (also für das Christusbewusstsein), wird DAS Leben gewinnen.«

Früher war die Einweihung begleitet von einem »Stirb und Werde« und wurde unter vollem Einsatz des Lebens vollzogen, in einer Konfrontation mit den vier Elementen. In der Schule des Lebens erfolgt diese Probe heute noch immer ganz lebendig, wenn auch nicht mehr lebensgefährlich.

Die »Erdprobe« besteht darin zu beweisen, dass man gelernt hat, mit der Materie, speziell mit dem Geld, optimal umzugehen.

Die »Wasserprobe« besteht darin, in der Flut seiner Gefühle den Kopf klar und sein Herz offen zu halten, um nicht darin unterzugehen, so wie Jesus dem Sturm gebieten und auf dem Wasser wandeln konnte.

Die »Luftprobe« besteht darin, seine Gedanken zu ordnen, also Gedankendisziplin zu halten, sein Bewusstsein auszurichten auf die eine Kraft, es zu erweitern und zu erheben, bis es frei geworden ist von den Begrenzungen durch Raum und Zeit.

Die »Feuerprobe« besteht darin, seine Willenskraft zu meistern und letztlich den individuellen Willen in den Zentralwillen einfließen zu lassen. Wie Jesus sagte: »Vater, nicht mein, sondern Dein Wille geschehe.«

Die Konfrontation mit den vier Elementen ist keineswegs immer angenehm, und es erfordert viel Geduld, bis wir nicht nur die Situation bewältigen, sondern daran sogar Freude finden.

Einweihung ist daher niemals ein äußerer Vorgang, der durch einen anderen erfolgen kann, sondern immer eine Begegnung mit dem göttlichen Bewusstsein in mir selbst und damit ein Erwachen zu meinem wahren Selbst. Es ist etwas, das geschieht. Ich kann es zwar begünstigen, aber niemals herbeiführen. Niemand kann sich selbst gebären, sondern wir werden geboren. Und eine der letzten Hürden ist die Demut, geduldig abzuwarten, bis die Zeit gekommen ist. Wir sollten nicht dem geistigen Hochmut zu verfallen, selbst bestimmen zu wollen, wann es so weit ist. Also bescheiden bleiben, denn wer Bescheid weiß, ist ohnehin bescheiden. Nicht belehren, oder gar bekehren wollen, sondern sein Bewusstsein stets auf das Höchste gerichtet halten und damit gleichzeitig anderen helfen, zu sich selbst zu erwachen. Also seine Mission erfüllen, ohne zu »missionieren«.

Zu den Einweihungsproben gehört auch der optimale Umgang mit der Zeit. Zu erkennen, dass die Ewigkeit vor mir liegt, und jeden Schritt auf dem Weg zum Ziel zu genießen, aber jeden Augenblick zu erfüllen, denn jeder Augenblick ist einmalig und kommt nie mehr wieder. So lebe ich im Bewusstsein der Ewigkeit ganz bewusst im Hier und Jetzt und erlebe bewusst die Einmaligkeit eines jeden einzelnen Augenblicks. Zeit und Ewigkeit verschmelzen so im bewussten Erleben des ewigen JETZT!

Der Eingeweihte ist wunschlos glücklich, verlangt nichts und weist nichts zurück, was immer das Leben ihm bringen mag. Da er nichts mehr besitzt, kann er auch nichts verlieren. Er hat alles losgelassen, was geringer ist als Gott, und ist so als der »verlorene Sohn« nach Hause zurückgekehrt.

Wenn man nicht jede Stunde
sinnvoll verwendet,
bestiehlt man den lieben Gott.

Scharbel Machluf

Paradies im Hier und Jetzt

Ich lebe in der Hölle, solange ich von mir selbst getrennt bin. »Sünde« = Sinte = Trennung. Es ist die Hölle von Leid, Krankheit, Schuldgefühlen, Hass und Neid.

Ich lebe im Paradies, wenn ich ich selbst bin und im Hier und Jetzt lebe. Denn die Vergangenheit ist tot und die Zukunft noch nicht existent. Leben ist nur im Hier und Jetzt möglich, und dieses Jetzt ist ewig. Das »ewige Leben« ist jetzt da, denn als ich selbst lebe ich ewig. Und das Paradies ist nicht irgendwo, das Paradies ist in mir selbst. Indem ich eins bin mit mir selbst, lebe ich im Paradies.

Sich Gedanken zu machen, trennt vom Paradies, denn sobald ich nachdenke, gehe ich aus dem Hier und Jetzt. Sich Gedanken zu machen führt zu Urteilen, Meinungen und Vorstellungen. Ich lebe dann nicht mehr aus dem lebendigen Augenblick, sondern aus meiner Vorstellung der Wirklichkeit, anstatt aus der Wirklichkeit – und damit lebe ich in Sünde = Sinte = Trennung vom Leben.

Ich selbst aber bin ewig – und doch in jedem Augenblick neu. Lebe ich aber eine Vorstellung von mir oder eine Rolle, dann trenne ich mich von mir, selbst dann, wenn die Rolle und das Leben identisch wären. Lebe ich aber in der Wirklichkeit des Augenblicks, erfülle ich jeden Augenblick mit mir selbst, bin der, der ich wirklich in diesem Augenblick bin, bin authentisch.

Um wirklich lebendig zu sein, muss ich den Mut haben, »ich selbst« zu sein, und um das zu können, muss ich wirklich »selbst-bewusst« sein, ich selbst sein, nicht die Vorstellung von mir selbst. Lebendig zu sein heißt aber auch, ganz da zu sein, mit meinen Gedanken da zu sein, wo mein Körper ist, und das wirklich ganz zu tun, was ich gerade tue.

Leben ist nicht irgendwann, ab und zu, gelegentlich, sondern in jedem Augenblick. Auch nicht morgen oder wenn ich meine Rente bekomme, sondern nur JETZT. Die meisten aber sterben, ohne je gelebt zu haben.

Nicht den Tod sollte man fürchten,

sondern dass man nie beginnen wird,

wirklich zu leben.

Marc Aurel

Wie ist Ihr Leben?

Ist Ihr Leben Arbeit, Kampf, Pflicht, Verdienen oder Dienen, Chaos, Karma abtragen oder Gnade, Freude oder Strafe, Prüfung oder Chance, ein Selbstfindungsweg oder Verpflichtung, Erkenntnis, Meditation, Gebet oder einfach Glück?

Wie hätten Sie es denn gern? Wie wäre es ideal?

Durch Schwere verschwinden Lebendigkeit und Leichtigkeit. Was aber macht Ihr Leben schwer?

Wenn das Leben ein Spiel ist:
Welches Spiel spiele ich?
Welches Spiel spielt das Leben mit mir?
Welches Spiel spielt mein Partner mit mir? Für mich?
Welche Rolle spiele ich in meinem Leben?
Wer oder was spielt in meinem Leben die Hauptrolle?

Kurzmeditation:

Ich schließe die Augen und sehe jetzt vor mir das Spiel, nach dem mein Leben abläuft! Wer oder was mein Leben bestimmt! Welches Spiel ist es: ein Partner- oder Mannschaftsspiel? Bin ich Spieler oder Spielfigur?

Auf welchem Platz spiele ich?

Auf welchem Platz möchte ich gerne spielen?

Was ist der nächste/beste Zug/Schritt?

Ab heute spiele ich ganz bewusst und voller Freude das »Spiel des Lebens«!

Noch etwas ...

... ich nehme an, Sie wissen es ganz tief in Ihrem Herzen schon lange. Sie haben sich bisher selbst betrogen um das, was Leben wirklich heißt. Sie haben sich das vorenthalten, was das Leben erst wirklich lebenswert macht:

Lebensfreude, Energie, Weisheit, Glück, Erfüllung und Liebe!

Falls es Ihnen ein Trost ist: Fast alle Menschen tun das, aber von heute an wird alles ganz anders.

Denn Leben heißt nicht leben, um zu arbeiten, und arbeiten, um Geld zu verdienen, sondern Leben heißt: Arbeit aus Freude in einem Beruf, der wirklich Berufung ist.

Leben heißt nicht, in einer Ehe ohne jede Begeisterung zu leben, ein Tag wie der andere, sondern Leben heißt, in einer erfüllenden Partnerschaft zu leben und sich jeden Tag aneinander und aufeinander zu freuen.

Solange es einen Teil des einen Bewusstseins gibt, den ich als ICH bezeichne, mit dem ich mich identifiziere, so lange gibt es auch einen Teil, den ich als Nicht-ICH ansehe. Und so lange gibt es

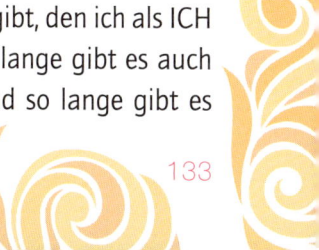

keine Einheit. So es ist unser Evolutionsauftrag, unser Bewusstsein zu erweitern. Das kann letztlich nur dadurch geschehen, dass ich den Zaun, den ich mit dem Ichbewusstsein errichtet habe, auflöse, denn es ist der Zaun, der den einen Teil vom anderen trennt. Der eigenen Entwicklung steht nur einer im Weg: das ICH des Menschen, sein Ego! Es verhindert auch wahre Liebe, denn Liebe ist ein Stück Unendlichkeit. Die wahre Liebe ist immer Ich-Hingabe und nicht Ich-Behauptung. Ich muss mein ICH lassen, um mein wahres Selbst zu finden. Erst dann kann ich auch wirklich lieben.

Wer seine Grenzen aufgehoben hat, wer sich nicht mehr mit dem Teil des Ganzen identifiziert, der lebt im kosmischen Bewusstsein. Er ist erleuchtet. Er hat sein ICH geopfert und sein wahres Selbst gefunden, und damit hat er Gott gefunden, denn Gott ist alles.

Intuitiv hat der Mensch schon lange etwas von seiner Ganzheit geahnt, von seinem wahren Wissen, seinem Selbst. Ganz tief in uns ist noch die Erinnerung an das Paradies, an den Zustand der Einheit. Doch diese Erinnerung ist schmerzvoll, wir sind nicht eins mit unserem wahren Wesen, und tief in uns streckt die Angst, vielleicht zu sterben, ohne vorher die Ganzheit erkannt zu haben.

Um uns aber ganz erfahren zu können, müssen wir zuvor den Schutt, das Geröll, die Blockaden beseitigen, die uns von unserem inneren Reichtum trennen. Der Weg dahin führt über die Achtsamkeit. Diese Achtsamkeit sah Buddha als das Wichtigste im Leben an, als Tor zur größten Weisheit. Diese Achtsamkeit führt zur größtmöglichen Präsenz, zum wirklichen »Da-Sein«, zum bewussten Sein.

Der Weg dahin aber kann nicht gelehrt werden, man kann den anderen bestenfalls bis an die Schwelle seines inneren Tempels führen. Eintreten muss jeder selbst.

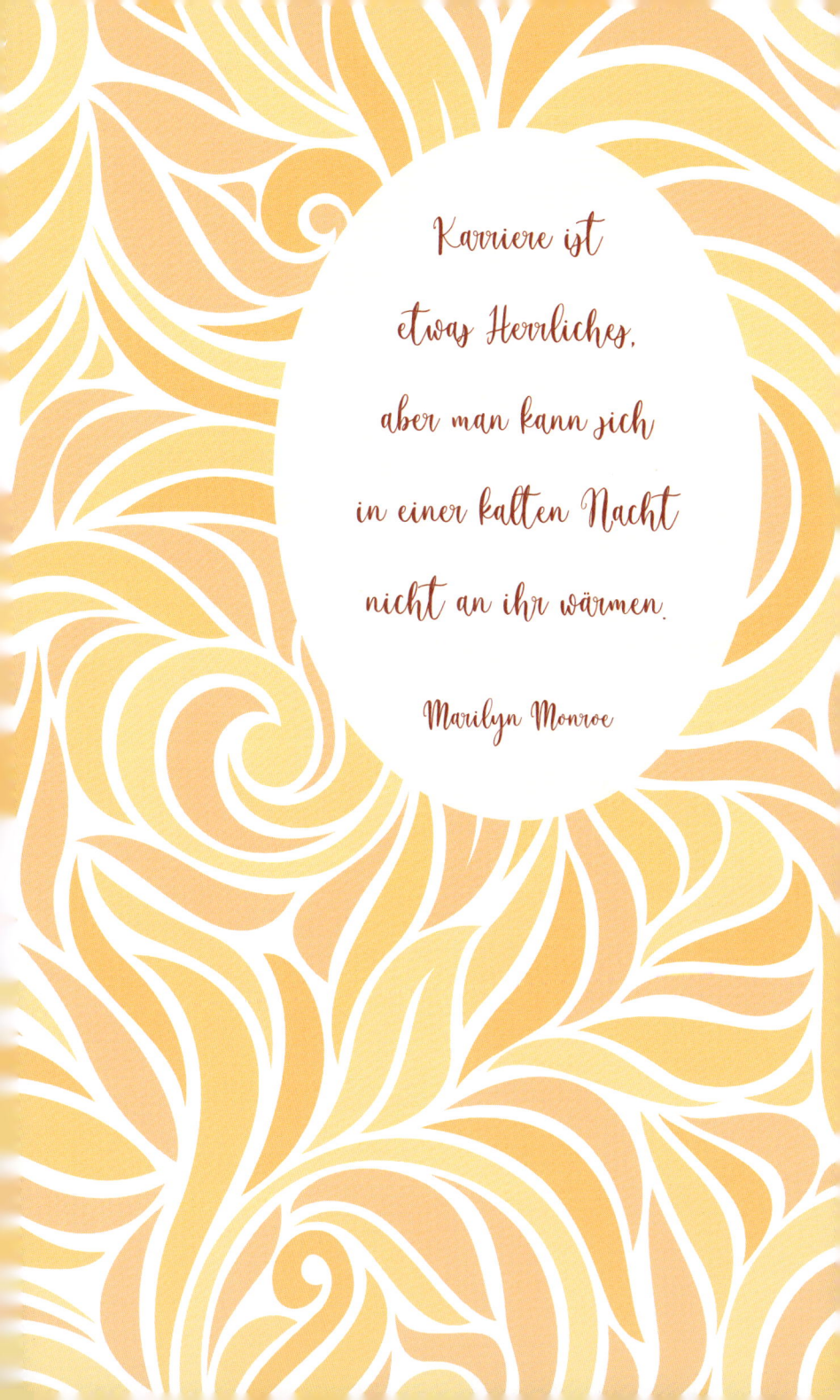

Karriere ist
etwas Herrliches,
aber man kann sich
in einer kalten Nacht
nicht an ihr wärmen.

Marilyn Monroe

Welches **Leben** wollen **Sie leben?**

Leben als Chance

Das Leben bietet mir alle Chancen, ich brauche sie nur zu erkennen und zu nutzen. Ich kann aber auch selbst zur Chance werden für meinen Nächsten.

Leben als Strafe

Das Leben schickt mir ohne erkennbaren Grund einen Schicksalsschlag, eine Krankheit oder Leid, das ich mehr oder weniger geduldig zu ertragen habe.

Leben als Spiel

Das Leben ist ein Spiel, das mir zur Freude erdacht und gespielt wird. Ein abwechslungsreiches Spiel, in dem ich entscheide, ob ich als Spielfigur oder als Spieler teilnehme. Ein Spiel, in dem ich nur gewinnen kann, nämlich Erkenntnisse. Ganz gleich, wie das Spiel gerade läuft, ich gewinne immer.

Leben als Schule

Ich lebe, um zu lernen. Alle Lebensumstände sind nur Möglichkeiten, die das Leben mir bietet, um zu lernen, um weiterzukommen in meiner Erkenntnis der Wirklichkeit. Ich bin hier, um Erkenntnisse zu sammeln, das Einzige, was ich mitnehmen kann.

Leben als ständige Geburt

Jeder Augenblick ist neu und einmalig. Auch ich bin in jedem Augenblick ein anderer und kann in jedem Augenblick mein Leben neu bestimmen. Alles fließt, alles ist ständig im Werden. Ich werde immer mehr zu mir selbst geboren.

Leben als Sterben

Alles vergeht, nichts kann ich halten, mich an nichts festhalten. Ich werde immer älter. Jugend und Gesundheit vergehen, Menschen verlassen mich. Ich erleide einen Verlust nach dem anderen.

Leben als Spiegel

Alle Lebensumstände sind nur ein Spiegelbild meines Bewusstseins, spiegeln nur mein inneres Sein wider. Ich kann alle Umstände ändern, indem ich mich ändere. Das Leben macht nur etwas Unsichtbares sichtbar, mein Bewusstsein.

Leben als Auftrag

Ich erkenne, ich bin mit einem bestimmten Auftrag hier, in einer individuellen Mission, die ich zu erfüllen habe. Ich weihe mich ganz der Erfüllung meines Auftrages.

Leben als Arbeit

Alles ist nur Arbeit. Das Leben besteht aus Pflichterfüllung. Ob ich das gern tue oder nicht, ich werde nicht gefragt, muss meine Pflicht erfüllen.

Leben als Kunstwerk

Ich erkenne, dass es in Wahrheit eine Kunst ist zu leben, und die Erfüllung ist es, aus seinem Leben ein Kunstwerk zu machen. So erlerne ich die Kunst zu leben, erfülle einen Augenblick nach dem anderen zu einem erfüllten Leben.

Leben als Sport

Ich trainiere und vervollkommne meinen Körper als mein wichtigstes Werkzeug, erhalte ihn gesund und leistungsfähig. Ich messe mich mit anderen und versuche ständig zu gewinnen.

Leben als Abenteuer

Das Leben bietet mir ständig faszinierende Möglichkeiten, ein nie endendes Abenteuer, in dem ich die Hauptrolle spiele.

Leben als Schöpfer

Ich bin mir bewusst, dass ich der Herr meines Schicksals bin. Mit meinen Gedanken gestalte ich bewusst mein Leben und bin dankbar für die Schöpfungskraft, die mir gegeben wurde.

Leben als Lehrer

Ich weiß, das Leben ist dazu da, um ständig zu lernen und das Gelernte an seinen Nächsten weiterzugeben. So bin ich ständig bemüht, mein Wissen und mein Bewusstsein zu erweitern und eine Chance zu sein für meinen Nächsten.

Leben als Meister

Das Leben ist für mich die Chance, Meister zu werden über mich selbst, Disziplin zu üben und mich zu beherrschen.

Leben als Vorbild

Ich weiß, andere schauen auf mich, und so lebe ich so, dass alles, was ich tue, vorbildlich ist.

Leben als Engel

Ich bin auf der Erde als Ausdruck der Liebe Gottes, als »Botschafter Seiner Liebe«, als Hilfe und zum Segen für alle. Ich halte mich im engelhaften Bewusstsein, lasse Gottes Liebe durch mich wirken und bringe Licht auf die Erde.

Leben als göttliches Bewusstsein

Ich erkenne mich als vollkommenes, unsterbliches Bewusstsein, als einen Teil des einen Bewusstseins. Ich war immer und werde immer sein, denn ICH BIN! Ich gehe immer wieder in eine neue Erfahrung, tauche in einen neuen Körper ein, aber bleibe im Bewusstsein meines wahren Selbst und lasse die Vollkommenheit meines wahren Selbst immer vollkommener durch mich wirken.

Leben als Gott

Alle Trennung ist aufgehoben. Ich bin eins mit dem Einen und eins mit allem. Ich erkenne mich in allem und lebe als Gott, der in seiner Schöpfung und damit in sich ruht. Ich bin der Tropfen, der in den Ozean zurückkehrte und zum Ozean wurde.

ICH BIN!

Sich selbst zu besiegen,
ist der herrlichste Sieg.

Thomas von Kempen

Ein erfülltes Leben leben

Viele möchten ein erfülltes Leben leben, sehen aber keinen Weg. Es erscheint ihnen als zu große Aufgabe, so dass sie den Anfang oft nicht finden.

In Wirklichkeit ist der erste Schritt jedoch ganz einfach. Er lautet:

»Erfülle den Augenblick!«

Tue das, was der Augenblick von dir fordert, und tue es, so gut du kannst, so dass du sagen kannst:

»Ich habe mein Bestes gegeben.«

Wer in jedem Augenblick tut, was zu tun ist, und weiß, dass er sein Bestes gegeben hat, der hat den Augenblick erfüllt. So erfüllt er einen Augenblick nach dem anderen und blickt eines Tages auf eine Kette von erfüllten Augenblicken zurück. AUF EIN ERFÜLLTES LEBEN!

DU BIST AUSERWÄHLT, DU SELBST ZU SEIN!

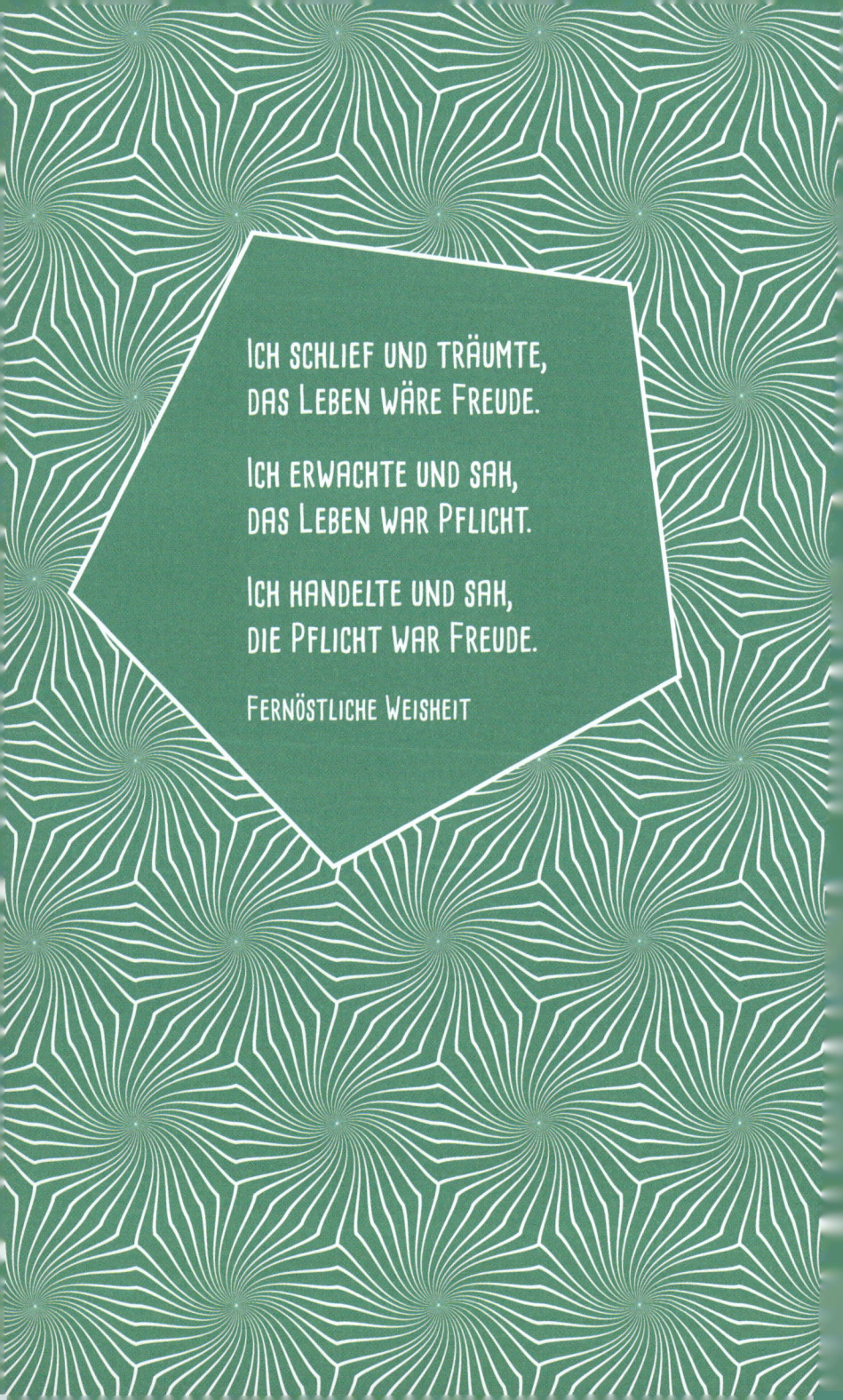

Ich schlief und träumte,
das Leben wäre Freude.

Ich erwachte und sah,
das Leben war Pflicht.

Ich handelte und sah,
die Pflicht war Freude.

Fernöstliche Weisheit

Wahre Erfüllung

Wir alle suchen nach Erfüllung und glauben, sie im Außen zu finden. Jeder aber sucht die Erfüllung woanders. Der eine in einem gesunden Körper und gutem Aussehen, der andere im Geld oder Besitz, ein Dritter vielleicht in der Macht oder im Erfolg und wieder ein anderer in der Partnerschaft oder in der Anerkennung. Das alles aber sind nur Scheinziele, denn selbst wenn der Wunsch in Erfüllung geht, steht am Ende doch die »Ent-Täuschung«, denn Erfüllung kann man im Außen niemals finden.

Erfüllung finde ich nur, wenn ich mich selbst, mein wahres Selbst gefunden habe, wenn ich erkannt habe,

wer ich wirklich bin!

Denn jede Sehnsucht ist immer nur die Suche nach sich selbst.

Doch die meisten Menschen leben ein auf Anerkennung ausgerichtetes Leben, in dem Leistungsstreben, Bewunderung und Bestätigung von außen als Ersatz für echte Liebe dominieren. Und selbst wenn ihnen das schmerzlich bewusst wird, wenden sie sich nur Ablenkungen wie übermäßigem Konsum zu, die den Mangel

äußerlich kompensieren und es ihnen ermöglichen, weiter an sich selbst vorbeizuleben.

Eine Legende erzählt, dass die Gnade Gottes ständig wie ein Regen auf die Welt herniederströmt, aber die meisten Menschen haben keinen Anteil an dieser Gnade, da ihr Bewusstsein nach unten geöffnet ist, zur Materie hin. So ist es die erste Aufgabe des Menschen, sein Bewusstsein nach oben zu öffnen, damit er der Gnade Gottes teilhaftig werden kann. Die zweite Aufgabe des Menschen ist es, sein Bewusstsein ständig zu erweitern, damit er immer mehr Gnade empfangen kann, denn was nutzt der ständige »Regen des Segens«, der Ozean an Gnade, wenn jemand nur ein Bewusstsein hat wie einen Fingerhut?

Es gibt

ein erfülltes Leben

trotz vieler

unerfüllter Wünsche.

Dietrich Bonhoeffer

Dein Leben

Dein Leben ist eine einmalige Melodie, die du selbst auf dem Instrument des Lebens spielst. Aber: Deine Mutter, dein Vater, deine Geschwister und Freunde, alle spielen auf deinem Instrument ihre Melodie von deinem Leben, reden dir ein, dass du nicht spielen kannst, dass du nicht weißt, welches Lied für dich gut ist. Doch es ist dein Leben, für das du verantwortlich bist. Ganz gleich, was für ein Lied du spielst oder spielen lässt, du trägst allein die Folgen.

Also beginne, dein Lied selbst zu bestimmen, die einmalige Melodie deines Lebens, und wenn du einmal einen falschen Ton anschlägst, dann denke daran: Keiner, der hier ist, spielt fehlerfrei. Aber lerne aus deinen Fehlern, so dass deine Melodie immer reiner erklingt, eine Melodie, die dir Gesundheit, Liebe und Harmonie schenkt, vor allem aber Freude, denn das »Spiel des Lebens« findet dir zur Freude statt.

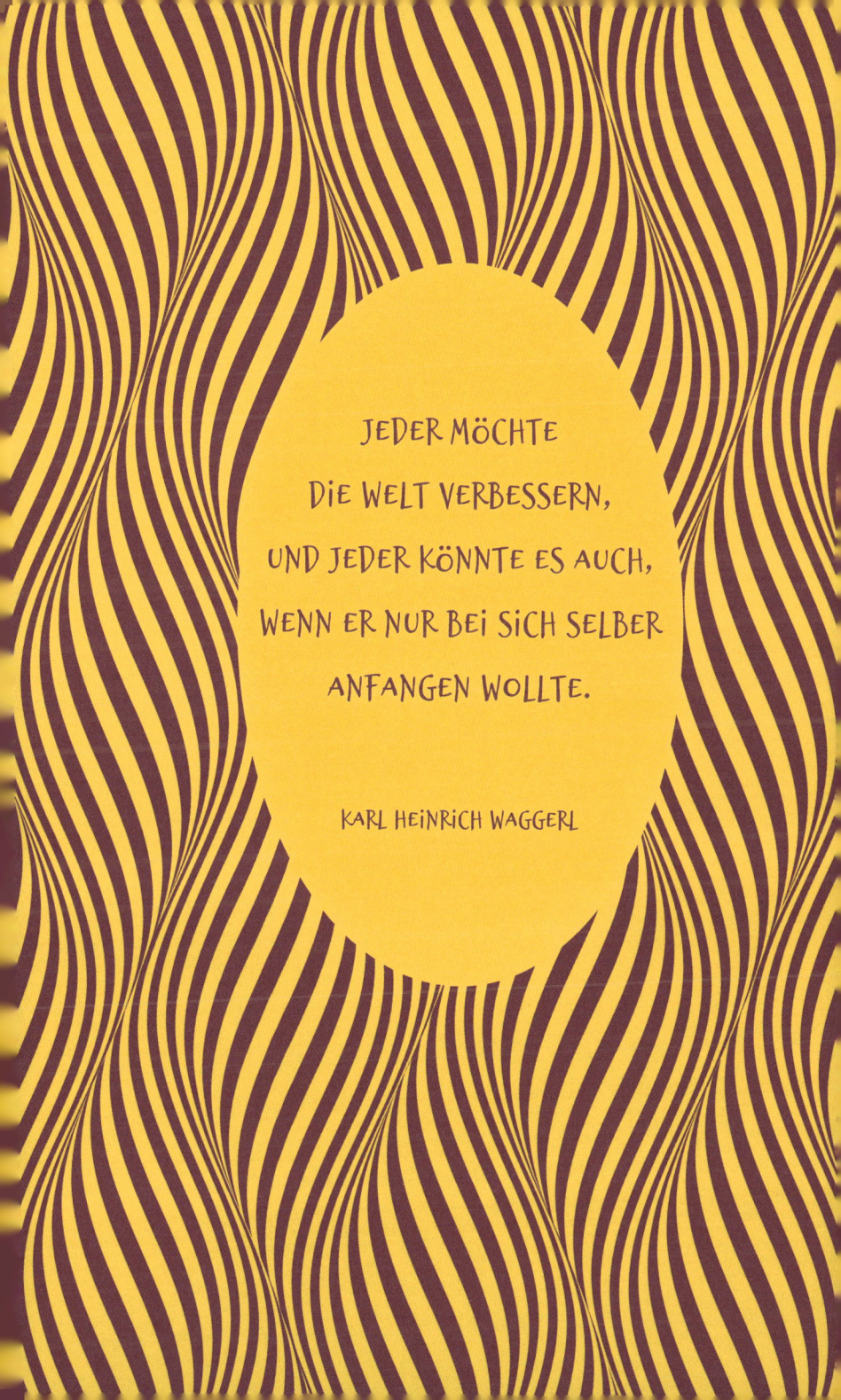

JEDER MÖCHTE
DIE WELT VERBESSERN,
UND JEDER KÖNNTE ES AUCH,
WENN ER NUR BEI SICH SELBER
ANFANGEN WOLLTE.

KARL HEINRICH WAGGERL

Schlusswort

Ein Mann, dessen Leben beendet war, erschien vor Gott. Und Gott blickte auf dessen Leben zurück und zeigte ihm die vielen Lektionen, die er gelernt hatte. Als er fertig war, sagte er: »Mein Sohn, möchtest du etwas fragen?« Und der Mann antwortete: »Während du mir mein Leben zeigtest, fiel mir auf, dass du in guten Zeiten neben mir gingst. In schlechten Zeiten aber war da nur eine Fußspur. Mein Vater, warum hast du mich in schwierigen Zeiten verlassen?« Und Gott antwortete: »Du verstehst es falsch, mein Sohn. Es ist wahr, dass ich in guten Zeiten neben dir ging und dir den Weg zeigte, daher kannst du meine Fußspuren neben deinen sehen. Aber in schwierigen Zeiten, DA HABE ICH DICH GETRAGEN.«

Über den Autor

Kurt Tepperwein wurde 1932 in Lobenstein geboren. Er war erfolgreicher Unternehmer und lang-
jähriger Unternehmensberater, bis er sich 1973
aus dem Wirtschaftsleben zurückzog und Heilpraktiker sowie Bewusstseinsforscher wurde, um
nach den wahren Ursachen von Krankheit und
Leid zu suchen.

In seiner Naturheilpraxis hielt er für seine Patienten Seminare ab, die so
großen Anklang fanden, dass sie heute in vielen Ländern veranstaltet
werden. Er absolvierte vielfältige Ausbildungen und erfuhr unzählige Eh-
rungen. Seit 1997 ist Kurt Tepperwein Dozent an der »Internationalen
Akademie der Wissenschaften«, wo er das von ihm etablierte Mentaltrai-
ning unterrichtet. Kurt Tepperwein hat bislang mehr als 80 Bücher und
Hunderte von Videos, DVDs sowie Audio-CDs veröffentlicht.

Wissen mit Herz

Kurt Tepperwein

Ihr Ansprechpartner
für alle Lebensbereiche!

- Tepperwein-Heimlehrgänge
- Tepperwein-Kompaktlehrgänge
- Tepperwein-Ausbildungen
- Bücher
- CDs und DVDs
- Geschenkartikel
- Gesundheitsboutique

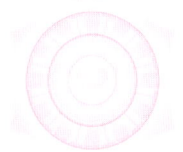

"Unsere Herzens-Aufgabe
ist die Bewusstseinsentfaltung."

www.iadw.com

Internationale Akademie der Wissenschaften Anstalt
Postfach 1628, FL-9490 Vaduz
Tel: +423 233 12 12 / Fax: +423 233 12 14
E-Mail: go@iadw.com

136 Seiten, broschiert
ISBN 978-3-89845-608-1
€ [D] 12,00

Kurt Tepperwein

Was immer du willst

Magnetisch anziehen, was Freude macht

Jeder Mensch besitzt magnetische Kräfte. Er strahlt nicht nur etwas aus, sondern verfügt auch über eine unbewusste Anziehungskraft. Mit Hilfe dieses Buches zeigt Ihnen Kurt Tepperwein, wie Sie Ihre Sinne schärfen und Ihre Magnetkräfte aktivieren können, um Ihrem Leben eine Richtung zu geben, die nicht nur befriedigend ist, sondern die Sie wirklich zufrieden und glücklich macht.

Wenn Sie also magnetisch anziehen wollen, was Freude macht, und sich nebenbei von alten Gewohnheiten trennen möchten, halten Sie das absolut richtige Buch in der Hand. Es ist an der Zeit, dass Sie bekommen, was immer Sie wollen!

176 Seiten, broschiert
ISBN 978-3-89845-412-4
€ [D] 12,65

Kurt Tepperwein

Nichts geschieht umsonst

Die Sprache des Lebens verstehen

Alles, was uns begegnet, und alles, was uns widerfährt, sind Botschaften des Lebens, die uns etwas Wichtiges mitzuteilen haben. Das Leben spricht ständig zu uns, allerdings müssen wir die Sprache des Lebens erst erlernen. Wenn Sie diese Sprache beherrschen, ist es Ihnen sogar möglich, die Botschaften des Lebens gezielt abzufragen. Sie können alle Erfahrungen und die verschiedensten Arten von Hinweisen optimal für sich nutzen, um ein erfolgreiches, erfülltes und gesundes Leben zu führen. Ein Buch, das sich mit allen Alltagsthemen auseinandersetzt und keine Fragen offenlässt.

160 Seiten, broschiert
ISBN 978-3-89845-611-1
€ [D] 14,00

Kurt Tepperwein

Vergiss dich nicht

Die 23 Tugenden für ein bewusstes Leben

Seit jeher sehnen wir uns nach Veränderungen. Wir probieren vieles aus und bemerken aber, dass wir immer wieder am gleichen Punkt landen.

Der erfolgreiche Autor Kurt Tepperwein lädt uns dazu ein, etwas genauer hinzusehen und das Leben mit 23 längst vergessenen Tugenden, die aktueller denn je sind, neu zu entdecken. Es liegt nur an uns, diese Tugenden wieder zum Leben zu erwecken …

Dieses Buch geht mit dir den Weg in ein bewusstes Leben. Es rüttelt wach, fängt auf, harmonisiert und begleitet.

272 Seiten, 2-farbig,
Klappenbroschur
ISBN 978-3-89845-648-7
€ [D] 20,00

Peter Berliner

Klare Worte

Wie Sie überzeugend sagen, was Sie meinen

Klar und überzeugend kommunizieren
Sei es im Beruf oder im Privatleben: Wirkungsvolles Sprechen
vor und mit anderen Menschen ist heute wichtiger denn je.
Wer seine Ideen und Projekte überzeugend vortragen kann,
hält den Schlüssel zum Erfolg in der Hand.
Kompakt und unterhaltsam coacht Sie Peter Berliner, Experte
für Kommunikation und Persönlichkeitsentwicklung, wie Sie
die Kunst der klaren Worte erfolgreich meistern und andere von
Ihren Ideen überzeugen!

240 Seiten, gebunden, mit
abgerundeten Ecken
ISBN 978-3-89845-569-5
€ [D] 16,95

Vadim Zeland

TransSurfing to Go

Vadim Zeland zeigt Ihnen, wie Sie sich endlich das Leben
formen können, das Sie schon immer führen wollten.
Falls Sie es wagen, den Rahmen des scheinbar feststehenden
Algorithmus »Denke wie alle – handle wie alle – sei wie alle«
zu verlassen, werden sich Ihre Möglichkeiten und Chancen
weit über die Grenzen des für alle anderen Erreichbaren hinaus
ausdehnen!
In »TransSurfing to Go« fasst der Erfolgsautor alle relevanten
Prinzipien der Methode kompakt zusammen und hilft Ihnen,
sie zur richtigen Zeit zu verwenden.
Einfach zu lesen – einfach anzuwenden.

256 Seiten, Klappenbroschur
ISBN 978-3-89845-617-3
€ [D] 12,00

Manfred Mohr

Deine Zahlen – deine Sterne

... sich selbst erkennen – andere verstehen

Jeder von uns hat doch einen schwierigen Chef, merkwürdige
Kollegen oder eine Schwiegermutter, mit der der Umgang manchmal kompliziert und herausfordernd sein kann. Mit Hilfe der
108 Charaktertypen kann es auf einfache Weise gelingen, das
Verhalten dieser Menschen besser zu verstehen und leichter
mit ihnen umzugehen.
»Deine Zahlen – deine Sterne« lädt ein zur humorvollen Selbsterkenntnis und entspannten Akzeptanz der eigenen Stärken
und Schwächen – dicht gefolgt von der wachsenden Fähigkeit,
deine Mitmenschen wie dich selbst immer mehr mit einem Au-
genzwinkern so nehmen zu können, wie wir nun einmal sind.
Mit vielen prominenten Beispielen.

280 Seiten, broschiert
ISBN 978-3-89845-625-8
€ [D] 15,00

Dick Sutphen

Das Orakel in Dir

Endlich Antwort auf die wichtigsten Fragen Ihres Lebens ...
Dieser leicht verständliche Leitfaden erweitert auf spielerische Weise das Bewusstsein, denn das Orakel bringt Sie in Kontakt mit Ihrem Höheren Selbst, das die Antworten auf Ihre drängendsten Fragen bereithält.
Diese inspirierenden 250 Botschaften bieten metaphysische Antworten, helfen beim spirituellen Erwachen und sind eine Inspiration für jeden Tag – das innere Orakel wird bald eine wichtige Rolle in Ihrem Leben spielen.

128 Seiten, 2-farbig,
Flexocover
ISBN 978-3-89845-584-8
€ [D] 12,95

Jessica Lütge

Alles, was du über dich wissen musst

222 Fragen zum Ausfüllen und Staunen

Jeder von uns hat in seinem Leben schon unzählige unwichtige Fragen beantwortet. Doch was ist mit den wirklich wichtigen Fragen? Denen, die tiefer gehen, die zeigen, was uns ausmacht und wer wir tatsächlich sind?
Jessica Lütge schöpft aus ihrer psychologischen Praxis und hat 222 Fragen formuliert, deren Antworten erstaunliche Selbsterkenntnisse zutage fördern. Man lernt sich so von einer Seite kennen, die einem bisher verborgen blieb.
Entdecke dein neues Leben und sei neugierig, was in der nächsten Zeit alles passiert.

160 Seiten, broschiert
ISBN 978-3-89845-054-6
€ [D] 9,90

Franziska Krattinger

Erfolgsrezepte

Greife nach den Sternen, wenn du wachsen willst!

Menschen leben in ihren Gewohnheiten, und sie wiederholen sich ständig. Um seine Gewohnheiten, die allein aus fixiertem Denken entstehen, zu ändern, muss der Mensch zuerst auf andere Gedanken kommen. Denn andere Gedanken bringen neue Vorstellungen, und neue Vorstellungen bringen neue Lebenssituationen. Die richtige Einstellung macht jeden Menschen zum Gewinner! Franziska Krattinger hilft den Menschen, auf andere Gedanken zu kommen und so ihr Leben mit wahrer Freude, tiefer Liebe und verstärktem Bewusstsein dauerhaft zu verändern, um sich so den Weg durch den Alltag zu erleichtern.

152 Seiten, mit Abbildungen,
4-fbg., Klappenbroschur
ISBN 978-3-89845-437-7
€ [D] 14.95

Nathalie Bodin

Ho'oponopono

30 Formeln zur Lösung von Konflikten

Entdecken Sie Ho'oponopono ganz praktisch für Ihren Alltag. Nathalie Bodin hat das ursprüngliche hawaiianische Vergebungsritual wiederaufgegriffen und an das moderne westliche Leben angepasst. Sie bringt uns Ho'oponopono nahe, indem sie uns an 30 alltäglichen Situationen zeigt, wie wir Konflikte erfolgreich mit der Energie des Verzeihens und des Reinigens auflösen können.
Entdecken Sie die Weisheit des Ho'oponopono, die auch auf jeden Konflikt in Ihrem Leben anwendbar ist!

160 Seiten, durchg. farbig,
gebunden
ISBN 978-3-89845-623-4
€ [D] 16,00

Theo Fischer

WuWei – Lebenskunst des Tao

Nichts tun und alles erreichen

Wer sich der jahrtausendealten Weisheit des Tao öffnet, wird erfahren, dass es sich mit ihr unbeschreiblich leicht lebt.
Theo Fischer zeigt, wie man in der Gegenwart leben und das Leben genießen kann. Er zeigt uns, dass wir das Leben annehmen sollen, so wie es ist, und dadurch frei von Sorgen und Gedanken um das Morgen werden. Wer aufhört, gegen seine innere Kraft zu kämpfen, der erfährt, wie schön und voller Freude unser Dasein von seiner ursprünglichen Bestimmung her sein kann.

120 Seiten, 2-fbg., broschiert
ISBN 978-3-89845-452-0
€ [D] 12,95

Silke Gramer-Rottler

Was uns alle trägt

Die Kraft des Urvertrauens in einer reizüberfluteten Welt

Wir leben in einer schnelllebigen Welt, in der Hektik, Ignoranz und Ängste unseren Alltag bestimmen.
Silke Gramer-Rottler zeigt uns, wie wir zurückfinden können zur berühmten Leichtigkeit des Seins. Sie erklärt uns, wie wir in unserem Leben wieder Raum schaffen können für die wesentlichen Dinge und wie dadurch die ganzen Unsicherheiten des Alltags verschwinden.
Dieses inspirierende Buch fordert uns alle auf, innezuhalten in unserer schnelllebigen, reizüberfluteten Welt und uns auf den Weg zu machen, unseren Ängsten zu begegnen, um zu erfahren, dass das Leben uns trägt.

Weiterführende Informationen zu
Büchern, Autoren und den Aktivitäten
des Silberschnur Verlages erhalten Sie unter:
www.silberschnur.de

Natürlich können Sie uns auch gerne den
Antwort-Coupon aus dem beiliegenden
Lesezeichenflyer zusenden.

Ihr Interesse wird belohnt!